골목의 약탈자들

당신의 돈을 노리는

골목의 약탈자들

장나래 · 김완 지음

스마트북스

당신의 돈을 노리는 ——

골목의
약탈자들

초판 인쇄 2021년 9월 7일
초판 발행 2021년 9월 16일

지은이 장나래 · 김완 지음
펴낸이 유해룡
펴낸곳 (주)스마트북스
출판등록 2010년 3월 5일 | 제2021-000149호
주소 서울시 영등포구 영등포로5길 19, 동아프라임밸리 611호
편집전화 02)337-7800 | **영업전화** 02)337-7810 | **팩스** 02)337-7811
원고투고 www.smartbooks21.com/about/publication
홈페이지 www.smartbooks21.com

ISBN 979-11-90238-64-9 13320

머리말

'자영업 이중고' 없는 세상을 꿈꾸며

경제활동인구의 30퍼센트가량이 자영업자인 나라, 대한민국. 자영업자들이 힘들고 어렵다는 뉴스가 매일같이 넘쳐났다. 무섭게 치솟는 임대료, 감당할 수 없는 최저임금 인상 때문이라는 분석이 뉴스를 뒤덮었다. 갑자기 오른 임대료에 궁중족발을 운영하던 가게 주인이 건물주를 망치로 내리친 '서촌 궁중족발 망치 폭행사건' 등은 언론의 큰 주목을 받았다.

하지만 한겨레 탐사팀 소속 기자였던 우리는 그것만이 자영업자를 힘들게 하는 문제의 전부인지 의심을 품었다. 자영업은 한해에만 100만여 명이 새로 유입되는 거대한 시장이다. 고용규모로 보면 대기업 몇 개가 매년 생겼다 사라지는 셈이다. 누가 이 거대한 시장에서 신규 창업자들을 먹잇감으로 삼아 빨대를 꽂는지 알아보기로 했다. 이들이 이 판에 들어올 때부터 이미 밑지고 들어올 수밖에 없는 이유를 찾고 싶었다. 그동안 어느 언론에서도 접근하지 않은 방식이었다. 우리가 찾은 그들은 '창업컨설팅'이라는 이름으로 자영업자에게 기생해 번성하고 있었다.

왜 처음부터 밑지고 시작하는가?

제보자 하나 없이 시작한 취재인 만큼 업계에 직접 침투하는 것보다 더 확실한 방법은 없었다. 기자가 직접 창업컨설팅업체에 취업을 시도했고, 입사하자마자 '과장' 직함을 달고 실무에 뛰어들면서 업계를 속속들이 들여다볼 수 있었다. 이 과정에서 200명이 넘는 창업컨설턴트를 만났고, 착취당한 100여 명의 자영업자의 삶 속으로 들어가 볼 수 있었다. 이 과정에서 왜 자영업자들이 처음부터 밑지고 시작할 수밖에 없는지 처절하게 피부로 느낄 수 있었다. 이곳에서 목도한 한국 사회의 자영업은 이미 시작하면서부터 큰돈을 잃고 그 돈을 만회하기 위해 허우적거리는 처절한 '게임'이 되어가고 있었다.

취업기가 끝난 뒤에는 창업컨설턴트가 아닌 '예비창업자'로 창업컨설팅업체에 문을 두드렸다. 자영업 경험이 없는 20대 여성은 특히 그들에게는 상대하기 쉬운 '호갱'으로 분류됐다. 업계 기준상 '상태 좋은 구매자초보이면서 귀까지 얇아서 설득이 쉬워 창업컨설팅업체가 주된 계약 대상으로 삼는 고객을 일컫는 말'가 되어, 전혀 원치 않았던 매장을 둘러보고 있는 내 모습을 발견할 수 있었다.

피해 자영업자를 찾는 일도 쉽지 않은 여정이었다. 찾아도 자신이 피해를 입었는지조차 모르는 경우가 허다했다. 서로 '깜깜이 계약'을 하는 구조 때문에 자신이 어떻게 '감아오기'를 당했는지 전혀 모르는 것이다. 영업하고 있는 가게를 찾아가 '당신이 어떤 피해를 봤는지' 설명해줘야 하는 과정도 괴로웠지만 "전에는 장사가 잘되는 곳이었다는데 장사 체질이 아닌가 보다"며 자책하는 피해자를 볼 때마다 마음이 더 무거웠다. 자기 탓이 아닌데 말이다.

양수인권리금을 주고 가게를 인수한 사람은 계속 장사를 해야 하기 때문에 언론보도로 가게가 알려지는 것을 가장 두려워했다. 상당수의 양도인권리금을 받고 매장을 넘겨준 사람은 자신도 공범이라는 말을 창업컨설턴트에게서 이미 들은 터라 흔들리는 모습이었다. 컨설팅업체의 만행을 눈치챘지만 눈을 감았다며, 인터뷰 자체를 꺼리는 경우가 많았다. 자영업자들은 컨설팅업체가 설계한 굴레에서 서로 피해자-가해자가 되는 것처럼 보일 수 있지만, 여기서 승자는 창업컨설팅업체밖에 없다. 애초부터 자영업자들은 모두 손해를 입고 큰 피해를 볼 수밖에 없는 안타까운 구조다. 창업컨설턴트가 챙긴 수천만 원, 최대 억대까지 되는 수수료는 자영업자들의 주머니에서 나온 것이다.

창업컨설팅업체 내부 제보자를 만나는 과정은 더욱 험난했다. 기사가 나가기 전 취재 단계에서는 현직 창업컨설턴트 대부분이 자신들이 하는 일에 대해 말하기를 꺼렸다. 이 업태 자체가 사라지면 일자리를 잃기 때문이었다. 하지만 기사가 나가고 난 뒤에는 “내가 무슨 일을 하고 있었던 건지 그동안 인식하지 못하고 있었다. 죄책감을 느낀다”, “일을 그만뒀다”는 창업컨설턴트의 연락을 받기도 했다.

회유와 조롱도 끈질기게 이어졌다. “집안이 대대손손 자영업하다 망했냐, 이번에는 수수료를 안 받고 무조건 잘되는 가게 소개해 줄 테니 원한을 풀어라. 우리도 먹고살아야 하지 않겠냐. 원하는 지역 한 곳만 찍어라”는 창업컨설턴트의 메일을 받고 헛웃음이 나기도 했다. 취업했던 회사의 한 임원은 기자에게 전화를 걸어 “기사 쓴다고 이 일이 사라지나 보자. 기사는 금방 잊혀진다”라고 조롱하기도 했다.

이 책에 나오는 자영업자, 전·현직 창업컨설턴트 등의 이름은 가명으로 처리했다. 현재 영업하고 있는 매장이나 현업에 피해를 주지 않기 위해 어쩔 수 없었던 조치로, 미리 양해를 구하고 싶다. 가명이 전제가 된 취재가 아니었다면, 세상에 알려지기 힘들었을 사연들이 대부분이다. 가게 사진을 사용하지 못한 것도, 피해를 입었더라도 그들은 그곳에서 장사를 계속하며 생계를 이어가야 하기 때문이다.

자영업자의 생존을 기원하며

처음에 예정한 기획기사는 세 편이었지만, 기사를 끝낼 수가 없었다. 첫 기획기사가 나간 다음날 창업컨설팅업체를 기습 방문하니 서류를 파쇄하고 컴퓨터 본체를 빼내는 등 증거 인멸 작업이 한창이었다. 탈세가 의심되는 상황에서 이들이 없애고 있는 것이 세금 신고를 하지 않은 각종 계약서라는 것을 눈으로 직접 확인할 수 있었다.

제보 메일과 전화도 하루에만 수십 건씩 쏟아졌다. 기사 덕분에 계약만 한 상태에서 더 큰 피해를 면할 수 있었다는 사연부터 업체에서 탈세하고 있다는 등 구체적이고 다양한 제보들이 밀려들었다. 일주일 넘게 추가 기사를 이어갔지만 기사에 못 담아낸 피해 사례가 더 많아 죄송한 마음도 들었다.

그렇게 기사를 마무리하고 다른 부서로 자리를 옮겼다. 자영업 기사는 접어두고 새로운 분야의 취재에 몰두하고 있었다. 그렇게 잊고 지내다 다시 이 주제로 책을 쓰게 된 것은 많은 독자들의 응원이 있었기 때문이다. 후속 기사를 써달라는 요청부터, 기사가 묻히지 않게 해달라는 메일까지 정말 감사한 일이었다.

기사 이후 1년여가 지나고, 최근 자영업자를 가장 힘들게 하고 있는 코로나19 위기가 찾아왔다. 2021년 7월 기준 국내 자영업자 수는 556만4천 명으로 코로나19 이전인 2년 전보다 무려 11만1천 명이나 줄었다. 거리두기가 일상이 되면서 "하루하루 버티기가 힘들다"는 절규가 이어졌다.

자영업자들이 생계마저 위협받는 상황에서는 창업컨설팅이 악덕 행태를 하지 못하지 않을까 하는 기대감은 더 큰 실망과 분노로 돌아왔다. 보도 이후 잠시 잠잠했던 창업컨설팅업체는 오히려 사람들이 코로나19로 힘겨워하는 시기에 더욱 활개를 치고 있었다. '위기'를 '기회'로 포장해 거래를 부추기는 더 악질적인 영업을 하고 있었다. 그들은 창업을 문의하는 기자에게 "'코로나19를 이겨낸 매장'을 코로나19 덕분에 오히려 더 싼값에 매입할 수 있다. 망설이는 동안 대기자가 먼저 계약한다"고 부추겼다. 허무했다. 열심히 보도했다고 자부했지만, 그들은 살아남기 위해 더 악질적으로 변모하고 있었다.

하지만 이조차도 알려야 할 의무가 있다고 생각했고, 이것이 자영업자들이 가장 어렵다는 이 시기에 책을 마무리하는 데 힘이 되어주었다. 이들 업태가 완전히 사라지거나 혹은 법 테두리 내에 들어오는 날을 감히 꿈꿔본다. 안 그래도 힘든 자영업자들이 이중으로 어려움에 빠지지 않을 수 있는 세상이 되었으면 하는 바람이다.

이 책이 세상에 나오기까지는 기사 취재부터 시작해 정말 많은 분들의 도움이 있었다. 어렵사리 취재에 응해준 모든 자영업자와 예비 자영업자, 전·현직 창업컨설턴트 등에게 가장 먼저 감사의 마음을 전한다. 그들의 용기 덕에 기사가, 그리고 책이 만들어질 수 있었다. 기획 전반을 함께 치열하게 고민하고 기사에 생명력을 불어넣어준 이재성 한겨레 탐사에디터, 현장에서 서툴게 찍어온 영상을 고퀄리티로 제작해준 조소영 PD와 전광준 기자, 기사가 더욱 돋보이도록 해주는 사진을 찍어준 박종식 기자 등에게 고마움을 전한다. 또 자영업자들이 역대 가장 어렵다는 코로나19 시국에 '골목'이라는 뜨거운 화두를 세상에 던질 수 있도록 길잡이 역할을 해준 스마트북스 여러분에게도 감사를 전하고 싶다. 기사에 공감과 응원을 보내준 모든 분들에게도 진심으로 감사드린다.

2021년 9월

장나래·김완 드림

차례

3장 7가지 유형별 창업컨설팅 피해 사례

4장 초보자를 노리는 치명적인 4가지 덫

5장 고소득 자영업자가 10억을 단숨에 날리는 방법

6장 권리금의 진실과 거짓말

7장 '자영업 약탈자' 없는 세상을 꿈꾸며

1장

초보창업자를
노리는 덫

1
포털사이트를 믿지 마세요

검색어 장악

자영업을 해보고는 싶은데, 정보가 하나도 없다면 보통 어떻게 할까? 주변에 전문가나 자영업에서 성공한 사람이 있다면 그를 먼저 찾아갈 것이다. 관련 책을 찾으려고 해도 최신 정보까지 모두 한 번에 구하기는 쉽지 않다.

현실적으로 가장 먼저 손쉽게 시작하는 방법이 인터넷 검색이다. '검색' 자체가 이미 우리 일상이 되어버렸기 때문이기도 하고, 일일이 발품을 팔지 않아도 어느 정도 정보를 알아낼 수 있으니 '우선 대충 알아나 보자'는 심정으로 키워드를 쳐서 검색해보기 마련이다. 인터넷 포털 사이트에 '창업', '소자본 창업', '카페 창업' 등을 검색하고 정보를 얻는 것이다.

하나의 창업컨설팅업체에서 운영하는 21개의 창업사이트. 다른 회사인 척하기 위해 일부러 여러 곳의 사이트를 운영한다. 클릭 수만큼 포털사이트에 광고비를 지출하기 때문에 사내 게시판에 '부정클릭 금지'라는 안내가 붙어 있다.

창업컨설팅업체는 정확히 이런 사람들을 타깃으로 '덫'을 만들어놓다. '자영업', '창업', '카페 창업', '음식점 창업', '초보 창업' 등 자영업 관련 포털사이트 검색 키워드를 광고비로 장악해 고객이 꼼짝없이 걸려들기를 기다린다.

'파워링크'는 이용자 클릭 수에 비례해 광고비를 내게 되어 있다. 한 업체에서 여러 사이트를 만들어놓기 때문에 한 사이트를 유지하는 데에만 수백만 원, 전체로 따지면 수억 원까지 들지만 창업컨설팅업체들은 비용을 아까워하지 않는다. 계약을 따내기만 하면 이를 웃돌고도 남는 돈을 벌기 때문이다.

이렇게 한 창업컨설팅업체가 운영하는 창업웹사이트는 무려 20여 곳이나 된다. 창업○○, ○○창업, ○○○창업몰, 점포○○, 장사○○

창업컨설팅업체에서 운영하는 한 창업사이트. 프랜차이즈를 중심으로 매물이 배치되어 있는데 대부분 실제로는 존재하지 않는 매물이다.

등 이름은 제각각이지만, 상단에 뜨는 어느 링크를 클릭해도 사실상 한 업체로 연결된다. 어느 덫이든 고객들이 일단 물기만을 기다린다.

허위 매물

창업사이트에는 유명 프랜차이즈를 중심으로 매물이 배치돼 있다. 프랜차이즈는 여러 면에서 초보창업자들을 낚기 좋아서다. 쉽고 안정적인 운영이 가능하다는 인식이 있어 '100퍼센트 풀오토주인이 매장에 나가지 않고 매니저나 아르바이트생만으로 운영해 수익만 가져가는 가게', '반오토주인이 매니저격으로 관리만 하거나 일부 시간대에만 운영하는 매장', '월 1천만 원 보장' 등의 수식어로 사람들을 유혹한다. '10년의 믿음', '전국 성업 중' 같은 광고는 본사의 도움으로 당신도 장사를 성공적으로 할 수 있다는 기대감을 한껏 끌어올린다.

이들은 또한 업종 불문하고 '총 투자액'과 '월 수익'만 강조한다. "1억7천만 원을 투자하면 월 1,100만 원을 벌 수 있다"거나 "8,500만 원을 투자하면 월 595만 원을 벌 수 있다"는 식으로 숫자로 현혹한다. 매출과 지출, 수익뿐 아니라 재료비와 인건비, 월 비용, 관리비, 기타 경비까지도 명시돼 있어 신뢰감을 높인다.

하지만 사이트에 걸어놓은 유명 브랜드 매물들은 대개 실제로 존재하지 않는 '미끼'에 불과하다. 3년간 창업컨설턴트로 일했던 이성윤가명 씨는 "프랜차이즈 위주로 허위 매물을 인터넷에 올려놓는다. 카페는 이디야, 베이커리는 파리바게뜨를 올려놓는 식이다. 이런 것들은 다 허위 매물로 초보창업자와 우리가 만나는 매개일 뿐"이라고 설명했다.

블로그도 주된 유입 통로다. 특정 브랜드 매장에 관심을 갖고 알아보려는 예비창업자도 인터넷 검색을 활용하는 경우가 많다. 매장 운영방식을 알아보고, 창업을 문의할 수 있는 본사 전화번호를 얻기 위해서 포털사이트에서 검색을 하면, 블로그로 키워드를 장악한 곳 역시 창업컨설팅업체이다.

개인은 창업이 어려운 브랜드, 창업컨설팅업체를 통해 거래하지 않는 브랜드까지 모조리 블로그 글로 손님을 끌어들인다. 본사인지 창업컨설팅업체인지 일부러 헷갈리게 하는 전략이다. 어차피 브랜드는 바꾸도록 유도하면 되기 때문에 일단 예비창업자가 유입하도록 하는 창구로만 활용하는 것이다.

창업사이트나 블로그 하단에는 창업컨설턴트 사진과 함께 휴대폰 번호가 큼지막하게 올라와 있다. "이 이상의 정보공개는 전화상담으로 가능합니다", "더 많은 정보가 필요하시다면 연락해주십시오"라는 문구로 다음 단계인 전화상담을 유도한다. 인터넷에서 본 '환상의 조건'을 갖춘 매물을 실제로 만날 수 있다고 믿는 사람이 있다면 정확히 이들이 원하는 먹잇감이라고 할 수 있다.

2
"무조건 사무실로 오세요"에 넘어가면 안 되는 이유

"영업비밀이 있어서… 저희 사무실에서 얘기하실까요?"

홈페이지에 적힌 번호로 연락하면 창업컨설턴트는 매물에 대한 내밀한 정보를 주겠다며 일단 만나서 이야기하자고 유도한다. 허위

한 창업컨설팅업체 회의실 모습. 내방고객을 맞을 수 있도록 회의실이 5개 이상 마련돼 있다. 업체 내부공간 중 가장 신경쓰는 곳이다.

매물에 걸려들면 오프라인 만남으로 이어지도록 하는데, 이때 정작 미끼와는 다른 실제 매물을 보여준다. 그들은 전화를 통해 "더 좋은 매물이 많은데 사정상 올려두지 못했다", "그 매물은 막 나갔으니 조건이 더 좋은 매물을 보여주겠다", "영업비밀인 내용들이 많아 만나야 설명할 수 있다"는 둥 궁금증을 유발하며 오프라인 만남을 유도한다.

이때 '만남의 장소'로 이들이 가장 선호하는 곳은 창업컨설팅업체 사무실이다. 강남역 오피스빌딩 한복판에 있는 200평 규모의 번듯한 사무실로 고객을 부르는 것을 이들 용어로 '내방시킨다'고 한다. 회사 안으로 들어서면 200명이 넘는 직원들이 정장 차림으로 일하고 있는 모습부터 눈에 들어온다. 큰 규모의 회사라는 것을 보여주어 고객이 안심하도록 하는 전략이다.

안내데스크에서 여직원이 상담 예약자 명단을 확인한 뒤 직접 회의실로 안내하고, 원하는 음료를 가져다준다. 마치 VIP 고객이 된 것 같은 느낌을 받도록 만드는 것이다.

회의실에서 잠시 기다리고 있으면, 방금 회의를 끝내고 들어온 듯한, 역시 양복을 빼입은 창업컨설턴트가 들어와 명함을 건네며 인사한다. 명함에는 창업컨설팅업체 과장, 혹은 팀장이라고 새겨져 있다. 높은 직급 직원이 나를 담당하고 있다고 생각하게 만드는 전략이지만, 아무런 경력이 없는 창업컨설턴트도 입사 첫날부터 수습 과정 없이 '과장'이라는 직함을 받는다.

회사 방문이 중요한 이유

창업컨설턴트는 파일에서 준비해온 매물 보고서를 꺼내며 설명을 시작한다. 고객이 인터넷을 통해 보고 온 매물과는 다른 매물들이다. 설명하다가 전화 한 통으로 안내데스크에 필요한 자료를 요

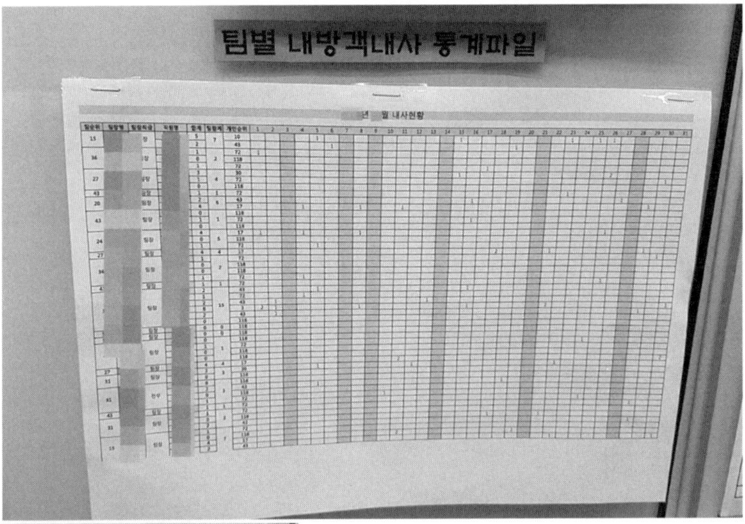

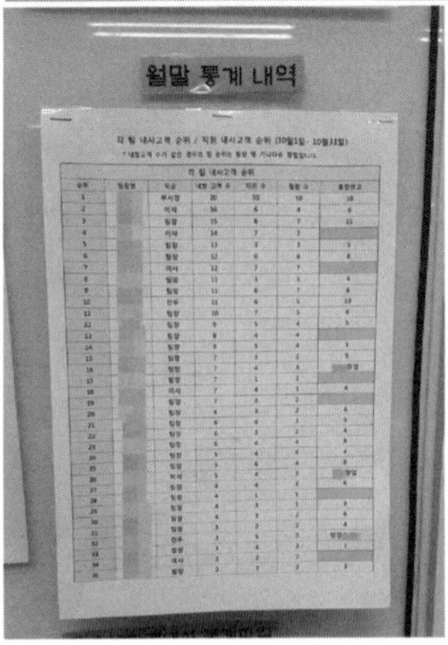

창업컨설팅업체 직원 게시판에 붙어 있는 팀별 내방객 통계표. 월별로 집계해 고객의 내방을 독려하고 있다. '회사 보여주기' 전략이 고객의 신뢰 확보에 결정적이라고 판단하기 때문이다.

구하면, 안내데스크 직원과 다른 창업컨설턴트들이 자료를 들고 온다. 이것은 전문가 집단처럼 보이기 위한 교묘한 심리적 장치다.

창업컨설팅업체에서 고객의 사내 방문을 우선적으로 유도하는 데에는 이유가 있다. 국내에서 가장 큰 컨설팅업체 사내 교육자료에는 고객이 회사에 방문하면 계약에 유리한 점 8가지를 꼽으며 회사 방문을 강력하게 유도한다.

고객이 회사에 방문하면 계약에 이런 것이 매우 유리하다

1. 회사 규모가 있기에 신뢰도가 높아진다.
2. 전문가 집단으로 보여 창업과 관련해 많은 부분 의지하게 된다.
3. 계약에 따른 불안감이 줄어든다.
4. 많은 물건을 확보하고 있다고 믿게 된다.
5. 모든 일을 체계적으로 처리한다고 생각하기에 신뢰도가 높아진다.
6. 일반 컨설팅보다 무조건 더 낫다고 생각한다.
7. 추후 매매할 때도 믿고 맡길 수 있다고 여긴다.
8. 컨설팅 수수료를 비싸게 불러도 그 가치를 높게 평가한다.

–○○○컨설팅업체 자료

고객이 회사를 방문하도록 하는 것이 여러모로 중요하다. 실적이 좋은 직원들의 공통점은 고객이 회사를 많이 방문하게 하는 것이다. 회사는 2008년 3월부터 현재까지 어느 직원을 방문한 고객인지를 기록하고 있다. 방문 고객 수예비 자영업자가 월 20명 내외인 직원의 실적이 항상 1~5등 안에 든다는 사실을 회사 통계에서 확인할 수 있다. 무엇보다도 목소리가 크고 자신감이 넘쳐야 고객은 "한번 만나나 보자"라고 생각하고 방문하게 된다는 설명이다. 또한 좋은 물건, 순이익이 많은 물건 등이 확실히 있으니 회사를 방문해달라고 설득해야 한다고 교육한다.

서비스를 받았으니 비싼 수수료를

왜 이렇게 회사 방문에 목을 매는지 알겠는가? 통계적으로 '회사 보여주기' 전략이 고객의 신뢰확보로 이어져 계약으로 이어지는 경우가 많았기 때문이다.

신입교육에서도 "회사 방문만 성공시켜도 계약 성공률은 50퍼센트 이상 높아진다"고 이야기한다. 실제로는 전문가 집단이 아니지만, 고액의 수수료를 받으며 '전문가'라고 믿게 만드는 전략이다.

찾아오기에는 거리가 멀거나, 고객이 바쁘다고 할 경우 업체 측에서 고객이 있는 장소로 가기도 한다. 이때 대부분 고객이 있는 장소 인근 카페에서 만나게 된다.

손님이 자신이 사이트에서 본 가게에서 바로 만나자고 하면, 창업컨설턴트는 최대한 그 장소는 피한다. 허위 매물이기 때문이다. "점주가 매장을 팔려고 하는 것을 아직 주변에 알리지 않았다", "그 매물은 이미 팔린 매물이어서 비슷한데 더 좋은 조건의 매물을 보여드리겠다"며 관심을 다른 곳으로 유도한다.

무조건 그 매물을 고집할 경우에는 일단 그 장소에서 만나되,

"아직 주인이 알바생이나 고객에게 매장을 내놓은 것이 알려지길 원하지 않기 때문에 조용히 구경만 해야 한다"고 설득한 뒤 매장을 둘러보게만 한다.

창업컨설턴트에 따라 솔직하게 허위 매물임을 인정하고, 다른 매물을 추천하는 경우도 있다. 업계 특성상 정보 자체가 돈이 되기 때문에 진짜 매물을 내놓을 수 없지만, 아직 인터넷에 내놓지 않은 귀한 매물을 알려주겠다고 설득하면 상당수는 넘어온다.

VIP 대접을 하는 것은 외부에서도 마찬가지다. 이들은 외부에서 고객을 상대할 때 대중교통을 이용하지 않는다. 고급 승용차로 직접 고객을 모신다. 고객을 모시러 가기도 하고 데려다주기도 하면서 미안하게 만든다. 왔다갔다하는 고생을 하도록 만들었는데 계약을 안 하기가 미안하게 만드는 전략이다. 일부러 외제차를 과시하며 고객이 더 신뢰하게 만드는 일도 잊지 않는다. "이 정도 서비스를 받았으면 비싼 수수료는 낼 수 있다"고 생각하도록 만들기 위해 투자하는 셈이다.

3
감아오기로 호갱님 모시기

고객과의 오프라인 만남에 성공한 창업컨설턴트들은 '감아오기' 전략에 돌입한다. 업계 용어인 '감아오기'는 손님이 업체에게 유리한 계약을 하도록 유도하는 것을 말한다.

이런 창업컨설턴트에게는 고객이 어떤 매장을 운영하고 싶은지는 전혀 중요하지 않다. 자신이 팔아서 이윤을 남길 수 있는 매물만이 중요할 뿐이다. 최소 1천만 원의 권리금 차익을 볼 수 있는 곳만 선정해 판매한다. 돈이 안 되는 물건은 아예 거래조차 하지 않는다. 대형 컨설팅업체가 주로 수도권, 그중에서도 주요 상권에서만 거래하는 이유도 여기 있다. 명분상으로는 "장사가 잘되는 상권에 들어가야 한다"고 하지만, 권리금이 성립되지 않으면 거래 자체를 하지 않는다.

고객이 원하는 업종과 창업컨설턴트가 판매해야 하는 업종이 다를 경우, 꼭 그 업종으로 창업을 해야 하는 이유를 묻는다. 카페를 하고 싶다는 사람에게 꼭 카페를 해야 하냐고 묻는 식이다. 꼭 할 필요가 없다는 결론을 끌어내기 위해서다. 어떤 이유를 대도, 창업컨설턴트는 '자신에게 돈이 되는 쪽'으로 유인한다.

"수익이 더 큰 쪽으로 하셔야죠. 원하시면 소개해드릴 수는 있는데 수익이 적어요."

고객이 고집을 꺾지 않을 경우 차순위로 수수료가 많은 매장을 보여준다. 물론 보여주면서도 매출과 수익 차이가 크다는 걸 강조한다.

그렇다면 실제로 어떻게 고객들을 감아오는지 유형별로 살펴보자.

카페 창업을 꿈꾸는 20대 기자를 데려간 곳

기자가 직접 '예비창업자'로 창업시장에 뛰어들어보았다. 자영업 경험이 전무한 20대 여성은 이들에게 가장 좋은 먹잇감이었다.

기자가 직접 예비창업자로 창업컨설팅을 받고 있는 모습. 1억 예산으로 카페 창업을 전화로 문의했더니 "한 달에 1천만 원 정도 벌어가신다면 어떠실 것 같아요?"라는 창업컨설팅 직원의 답이 돌아왔다. 출처: 한겨레TV

'1억 예산으로 서울에서 카페 창업'이라는 나름 구체적인 목표를 세우고 창업의 세계를 경험해보기로 했다.

포털사이트에서 '카페 창업'이라는 단어를 검색하자 열 군데가 넘는 창업사이트가 상단에 떴다. 비슷비슷한 이름들 가운데 '창업의 모든 것', '24시간 무료 상담'이라고 적혀 있는 사이트를 클릭했다. 바로 첫 화면에서 원하는 매물을 찾을 수 있었다. 서울시 은평구에 있는 한 프랜차이즈 카페인데 총 창업비는 7천만 원이면 된다고 적혀 있었다. 주인이 출근하지 않아도 되는 이른바 '풀오토 매장'이었는데, 한 달 순이익은 '안정적 600만 원 보장'이라고 했다.

첫 통화에서 매장을 설명하는 김 팀장의 목소리는 확신에 가득 차 있었다. "유동인구가 끊이지 않는 역세권의 유명 프랜차이즈 매장이라 무엇보다 안정적"이라며 "여성 창업자나 초보창업자에게 최적

기자가 서울 카페 창업을 문의하자 추천해준 경기도 남부권 신도시 프랜차이즈 필라테스 업소. 당혹스러워하자 창업컨설팅업체 팀장은 "원래 아무것도 모르시는 분들이 하는 게 이 업종"이라며 '감아오기'를 했다. 출처: 한겨레TV

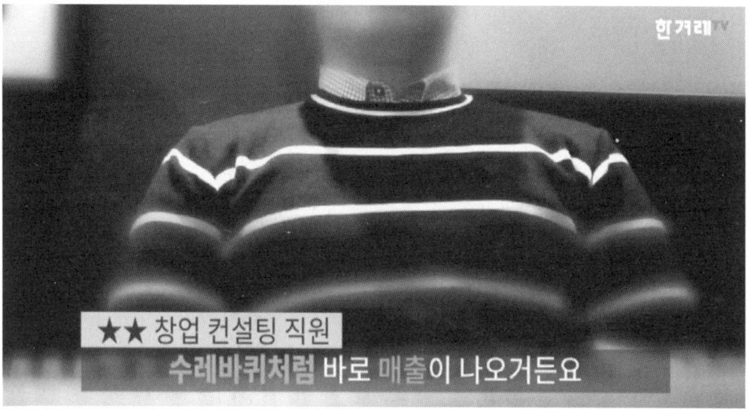

창업컨설팅업체 직원과 필라테스 프랜차이즈 본사 대표가 기자를 만나 매장 매매를 설득하고 있다. 본사 대표는 "매장에 나오지 않아도 돈이 알아서 굴러들어오는 매장"이라고 했고, 창업컨설팅업체 팀장도 "수레바퀴처럼 바로 매출이 나오는 매장이라 빨리 결정해야 한다"고 강조했다.

화된 물건"이라고 했다. 주인이 손댈 필요도 없고 수익도 안정적인 매장이라면 왜 싸게 파는 것일까, 슬슬 궁금해질 무렵, 김 팀장은 "계신 곳이 어디냐?"며 "급하게 나온 매물이라 빨리 연락 주지 않으면 팔릴 수 있다"고 결단을 내릴 것을 재촉했다. 7천만 원만 투자하면 일하지 않고도 월 600만 원을 벌 수 있다는 말이 의심스러웠지만, '혹시나' 하는 마음도 커졌다.

며칠 뒤 전화를 걸어 카페를 보러 가겠다고 하자, 김 팀장은 "안타깝게도 이미 매매가 됐다"고 말했다.

"그런데 알고 보니 그 금액으론 안 되는 거였어요. 주인이 총 창업비용이 아니라 권리금만 적어둔 거예요."

김 팀장은 준비한 듯 '대안'을 제시했다. "엇비슷한 금액으로 할 수 있는 더 좋은 매장을 소개해주겠다"며 추천한 곳이 바로 프랜차이즈 필라테스 업소였다. 카페를 창업하고 싶다고 난색을 표하자 김 팀장은 그 설정부터 뒤흔들기 시작했다.

"굳이 카페를 창업해야 하는 이유가 있으세요? 사장님한테 딱인 매물이 있는데."

중요한 건 업종이 아니라 돈 아니냐는 창업컨설턴트의 말에는 거리낌이 없었다. 강물 흐르듯 자연스럽게 서울 시내 카페 창업희망자를 경기 남부권 신도시 프랜차이즈 필라테스 업소로 데려갔다. 출퇴근이 가능할까 싶은 50여 킬로미터 남쪽, 필라테스라는 업종마저 낯설었다.

장밋빛 수익 전망

그 거리감과 낯섦을 극복한 건 '속도'였다. 40평약 132㎡이 넘는 공간을 둘러보는 데 채 3분도 걸리지 않았다. 필라테스 프랜차이즈 본사 대표는 이미 카페에 자리를 잡고 있었다. 쉴 새 없이, 격렬한 욕망의 자극이 이어졌다.

"풀오토로 한 달 수익이 1천만 원 이상이라 카페랑은 비교 자체가 안 돼요. 출근도 안 하시고, 그냥 복덩이 매장 가져가시는 거예요."

경기 남부권과 인천에서 10여 개의 필라테스와 헬스 업소를 운영하고 있다는 본사 대표의 입에서 장밋빛 수익 전망이 자동응답기처럼 흘러나왔다.

2개월 전 문을 연 업소는 깔끔했다. 직영점으로 운영하다 가맹점으로 전환하는 것이라고 했다. 본사 대표는 이미 충분한 회원 수를 확보했다고 하면서 개장 전부터 70~80퍼센트 세일행사를 해서 150여 명의 회원을 모았다고 강조했다. 이상했다. 필라테스는 수강료가 상대적으로 고액이며, 장기로 등록해야 하는 특성이 있다. 그래서 "이미 팔아버린 3~12개월 회원권 수익을 본사가 가져가면, 나는 수강료 수익 없이 강사료와 임대료를 주며 운영해야 하는 것 아니냐?"고 물었다. 본사 대표는 "재등록 비율이 높으니 걱정하지 말라"고 했다. 자신들이 프로모션을 통해 등록 회원 수를 늘려놓았으니 당연히 재등록자가 나올 거라는 '기적의 논리'였다.

김 팀장이 거들었다. "회원제로 운영되는 헬스, 요가, 필라테스 같은 경우는 모아놓은 회원이 그대로 자산이 돼요. 유효 회원을 본사가 다 모아놨으니 그 부분이 권리금이 되는 것이고, 이후에도 본사에서 다 알아서 해주니까 매장에 나오셔도 하실 일이 없으세요. 그냥 이익만 보고 투자하신다고 생각하세요."

망설이는 모습을 보이자 본사 대표가 말했다.

"이 매장은 이제 특별히 관리하지 않아도 돈이 알아서 굴러들어오는 매장으로 저희가 세팅을 해놓은 거예요. 원래 안 팔려고 했는데 김 팀장님이 하도 졸라서…. 운이 좋으신 거예요. 제가 개인적으로 프랜차이즈 매장을 30개까지 확장할 계획만 아니면 원래는 팔지 않으려고 했어요."

자영업이라기보다는 고수익의 투자상품처럼 느껴졌다.

해당 프랜차이즈에 대한 '객관적인' 정보를 얻을 수 있는 곳은 거

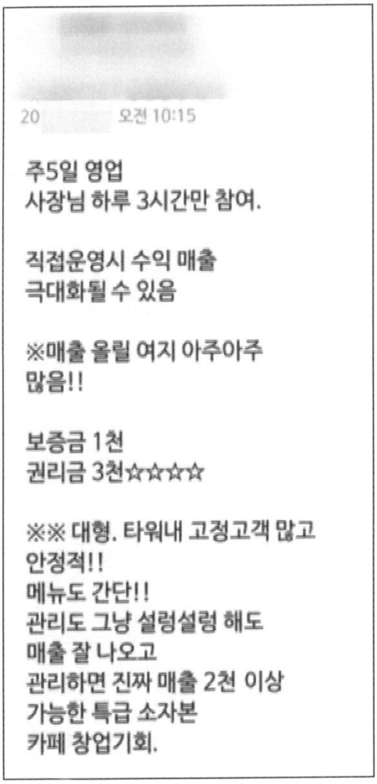
20 오전 10:15

주5일 영업
사장님 하루 3시간만 참여.

직접운영시 수익 매출
극대화될 수 있음

※매출 올릴 여지 아주아주
많음!!

보증금 1천
권리금 3천☆☆☆☆

※※ 대형. 타워내 고정고객 많고
안정적!!
메뉴도 간단!!
관리도 그냥 설렁설렁 해도
매출 잘 나오고
관리하면 진짜 매출 2천 이상
가능한 특급 소자본
카페 창업기회.

창업을 문의한 예비창업자에게 매일 같이 보내는 창업컨설팅업체의 문자. '매출 2천 이상', '사장님 하루 3시간만 참여' 등 예비창업자들이 솔깃해할 문구들로 채워져 있다.

의 없었다. 창업컨설턴트는 인터넷 홈페이지에서 프랜차이즈 정보를 확인하라고 했지만, 가맹지점 현황만 나와 있었다. 공정거래위원회의 가맹사업거래 사이트franchise.ftc.go.kr에 공시된 '프랜차이즈 정보공개서'도 해당 프랜차이즈가 아닌, 대표가 운영하는 다른 프랜차이즈 명으로 등록돼 있었다. 가맹점 평균 매출액이나 영업이익, 당기순이익 등에 대한 정보도 나와 있지 않았다. 창업컨설팅업체가 제공한 '창업물건 보고서'에도 프랜차이즈 정보는 없었다. 알아서 다 해준다는 본사가 어떤 곳인지 도무지 알 수 없었다. 오직 컨설턴트와 본사의 말만 믿고 계약해야 하는 비밀스러운 프랜차이즈였다.

고민을 해보겠다고 하자, "매물을 사려는 다른 고객이 있다. 빨리 결정해야 한다"고 전화로 독촉하기도 했다. 2주가 지나자 "더 좋은 매장을 소개시켜주겠다. 설렁설렁 운영해도 수익이 2천만 원"이라는 문자를 매일 같이 보내며 욕망을 자극했다.

초보는 '신생 프랜차이즈'

같은 조건으로 다른 창업컨설팅업체에 문의했을 때 데려간 곳도 신생 프랜차이즈업체였다. 창업컨설턴트인 신진호가명 팀장은 첫 통화에서 이름마저 생소한 닭강정 프랜차이즈를 권했다.

"첫 창업이 망하면 안 되잖아요. 확실한 수익이 보장되는 프랜차이즈를 하셔야죠."

신 팀장이 추천한 프랜차이즈는 매장 자리가 없어 계약금을 내놓고도 한참을 기다려야 한다고 했다. 매장 앞에 고객들이 줄지어 서 있는 모습이 찍힌 사진과 계약금을 넣고 대기하겠다는 다른 창업자의 문자메시지 등을 보내줬다. 이번에도 역시 "시간이 많이 없다. 이걸 빨리 아시는 분만 돈을 벌어가는 것"임을 강조했다. 두말할 나위 없이 풀오토였다.

"가끔 매장이 잘 돌아가나 보러 가서 닭이나 드시면 월 순수익은 무조건 1천만 원부터 시작"이라고 자신했다. 신 팀장은 자신을 해당 닭강정 프랜차이즈 본부장이라고도 소개했다. 그는 음료 프랜차이즈업체 총괄팀장 명함도 갖고 있었다. 물론 창업컨설팅업체 팀장 명함도 있었다. 신 팀장은 "창업컨설턴트로 일하면서 프랜차이즈 본사 점포개발팀 업무를 같이하는 것"이라고 설명했다.

닭강정 프랜차이즈가 너무 생소한 업체라고 난색을 표하자 마지

수익이 보장된다며 창업컨설팅업체에서 카페를 소개해줬지만, 주변 160미터 반경 안에 무려 38곳의 카페가 밀집해 있었다. 출처: 한겨레TV

못해 카페 한곳을 보여줬다. 서울 상암동에 있는 테이크아웃형 프랜차이즈 카페였다. 하지만 이 카페를 소개하는 자리에서도 닭강정 업체 추천은 끈질기게 이어졌다. 심지어 이 카페를 파는 주인도 닭강정 매장을 3곳으로 늘리기 위해 며칠 전 급히 가게를 내놓은 것이라고 했다. 그의 설명을 듣고 있노라면 모든 소액창업은 이제부터 닭강정으로 수렴되어야만 할 것처럼 느껴졌다.

하지만 취재 결과 신 팀장이 보여준 상암동 카페는 이미 6개월도 더 전에 매장을 창업컨설팅업체에 내놓았고, 3번이나 권리금이 조정된 상태였다. 신 팀장은 "굳이 닭강정을 안 하고 카페를 하신다면 그나마 이 카페가 제일 수익이 낫다"고 말했지만, 그 카페 주변 160미터 반경 안에 무려 38곳의 카페가 밀집해 있어 가히 '카페 지옥'이라 부를 만한 입지였다.

창업자의 60퍼센트 이상은 50~60대

창업컨설팅업체의 최대 고객은 '퇴직자'이다. 퇴직금을 투자해 창업하고자 하는 50~60대의 인생2막 욕구가 크기 때문이다. 일단 퇴직금이라는 목돈이 있기 때문에 업체에서 특별히 격한 환영을 받는다. 목돈이 없을 경우에는 창업컨설팅업체의 영업행위에도 큰 차질이 생긴다. 수천만 원, 최대는 수억 원 단위의 권리금을 낼 수 있어야 한다. 대부분 세금신고도 하지 않는 '현찰 거래'여서 목돈은 필수조건 중 하나다.

하지만 업체에서 목돈이 없는 손님이라고 내치는 것은 아니다. 다만 목돈 확보가 어려운 경우, 최대 5천만 원까지 '주류대출'주류를 독점적으로 공급받는 조건으로 자금을 융통받는 것이 가능한 업종을 소개해주거나, 권리금이 적지만 언제든 쫓겨날 수 있는 특수점포밖에 소개해줄 수 없다. 선택의 폭이 좁아지는 것이다.

업체에서 퇴직자를 환영하는 가장 큰 이유는 자영업에 대해 잘 모르기 때문이다. 업계 용어로는 '빠꼼이창업에 빠삭해 정보만 빼갈 수 있는 위험이 있는 고객 아님'으로 분류된다. 창업컨설턴트가 원하는 업종으로 변경하기도 쉽다. '노빠꼼이'에게 대부분 추천하는 것은 '프랜차이즈'이다. 첫 창업은 생각만큼 쉽지 않기 때문에 시스템을 갖춘 프랜차이즈를 추천한다는 논리다. 그러나 이들이 추천하는 대부분의 업체는 유명 프랜차이즈라기보다는 기획형 프랜차이즈이다. 창업컨설팅업체와 함께 반짝 뜨고 단시간에 사라지는 브랜드들이 많다. 한때 수백 개의 가맹점을 낸 음료 프랜차이즈업체 창업자의 60퍼센트 이상은 50~60대였다.

정년퇴직을 앞둔 60대 김준모가명 씨가 딱 그 유형이었다. 상가 지하에 코인노래방 매장을 열 공간까지 가지고 있던 김 씨가 창업컨설턴트의 꼬임에 넘어가 일주일 만에 넘겨받은 매장은 뜬금없게도 '프랜차이즈 독서실'이었다. 코인노래방에 1억3천만 원만 투자하면 매달 2천만 원의 매출을 올릴 수 있다는 창업컨설턴트 사이트의 솔깃한 문구에 이끌려 전화를 걸었지만, 그가 창업하게 된 것은 상상도 해보지 못한 독서실이었다. 그것도 집에서 차로 1시간 반 이상 떨어진 경기도에 위치한 곳이었다. 이름조차 전혀 들어보지 못한 브랜드였지만 "프랜차이즈라 다 해준다"는 말에 홀렸다.

창업컨설팅업체에서는 가게 자리를 봐주는 대신 권리금 차액을 노리기 때문에, 개업할 자리를 이미 가지고 있는 손님은 환영하지 않는다. 김 씨는 "이런 기회는 정말 흔하지 않은 기회고, 놓치면 대기 손님에게 뺏긴다고 설득하는 데 홀린 듯이 넘어갔다. "순식간에 퇴직금을 전부 투자했다"라고 당시 상황을 떠올렸다.

매혹적인 '100퍼센트 풀오토'

직장을 유지하고 싶은 '예비 사장님'을 매혹하는 가장 좋은 문구는 '100퍼센트 풀오토'이다. 주인이 직접 매장에 나가지 않고 아르바이트생만으로 매장을 운영해 수익을 올릴 수 있다는 의미다. 자영업자가 된다기보다는 가게에 투자하는 것과 비슷한 개념이다.

직장 10년 차가 된 30대 워킹맘 이지연가명 씨는 로드샵을 하나 내고 싶다는 꿈을 갖게 되었다. 아이가 둘이 생기면서 돈 쓸 곳이 많아진데다 아르바이트생을 두면 육아를 위해 일정시간을 낼 수 있지 않을까 하는 기대에서였다. 점심시간에 짬을 내 인터넷을 검색해 보니 '100퍼센트 풀오토'라는 문구가 눈에 띄었다. 매장을 신경쓰지 않고 직장과 육아에 시간을 투자하면서도 매달 꼬박꼬박 돈이 들어온다니 더욱 솔깃했다.

그런데 이 매장을 매물로 올린 창업컨설턴트는 이 씨에게 전혀 다른 제안을 했다. 로드샵을 하기에는 이 씨가 가진 돈이 부족한데, 그보다 더욱 안정적인 매출이 보장되는 곳이 따로 있다는 것이었다. 이름도 낯선 '특수점포대형 쇼핑몰이나 백화점의 푸드코트, 대학 캠퍼스, 병원 등 특수상권 내 매장'였다. 대기업에서 운영하는 아웃렛 매장이니 걱정할 것이 없다고 했다.

결국 이 씨는 풀오토 매장을 인수했다. 하지만 인수한 지 두 달째부터 늘어만가는 적자에 회사를 그만두고 자영업에만 매진해야 했다. 풀오토 시스템으로는 도무지 수익이 나지 않았기 때문이다.

한 대학가에서 네일숍 풀오토 영업을 하다 10개월 만에 폐업한 박영춘가명 씨 역시 "풀오토는 현실적으로 가능한 시스템이 절대로 아니다"고 말했다. "툭하면 그만두겠다며 월급을 올려달라는 매니저에 끌려다니기만 했고, 네일 일 자체를 모르기 때문에 가게 일에 관여하지 못해 수익도 제대로 나지 않았다"고 당시 상황을 설명했다.

박 씨 역시 다니던 직장과 네일숍 사이에서 고민하다 결국 네일숍을 접기로 했다.

창업컨설턴트가 직장인에게 심어주는 '100퍼센트 풀오토'의 꿈은 환상인 경우가 많다. 주인이 직접 운영하지 않는 매장에서 높은 수익을 올리는 것은 현실적으로 어렵기 때문이다. 믿을 만한 매니저를 구하는 것이 중요한데, 그러려면 월급을 올려줘야 하니 상대적으로 인건비 지출이 높아진다. "도저히 수익이 안 나서 결국 회사를 그만두고 매장에 올인했다"는 창업 후기가 많은 이유다.

Tip

인터넷은 무조건 피하라?

덫에 걸린 피해자들의 공통점을 확실히 알았을 것이다. 이들은 모두 인터넷을 통해 정보를 접했다. 이들 나름대로 여러 곳의 창업사이트를 살펴봤지만 한 업체가 운영하는 사이트가 10군데가 넘는 상황에서 정확한 비교는 어려운 일이다. 창업컨설팅업체는 어느 사이트를 클릭해도, 업체명은 다르지만 실질적인 업체는 같도록 판을 설계했다.

매달 수억 원의 돈을 광고비로 지출하면서도, 이 판을 유지하는 이유는 미끼를 무는 고객들이 많아서이다. 광고비를 상쇄하는 돈을 벌어들인다. 같은 업체인지 확인하는 가장 기본적인 방법은 홈페이지 하단의 주소지를 확인하는 것이다. 주소지는 같고 상호와 대표자명만 다르다면 실질적으로 같은 업체라도 봐도 무방하다. 하지만 여러 주소지를 활용하는 경우도 있기 때문에 절대적인 방법은 아니다.

그렇다고 인터넷 검색을 아예 하지 말라는 것은 아니다. 어디까지나 참고용으로만 활용해야 한다. 직접 발품을 팔아서 얻은 정보가 아닌, 인터넷을 통해 누군가 '덫'을 쳐놨을지도 모를 손쉽게 얻은 정보에만 의존해서는 절대 안 된다. 어떤 브랜드 창업이 궁금할 경우 포털사이트에서 검색한 블로그 등에 의존하기보다는 그 브랜드 홈페이지로 바로 들어간 뒤 업체에서 공식적으로 제공하는 정보를 보는 것이 좋다. 또한 프랜차이즈에 대한 정보도 꼼꼼히 확인해야 한다. 공정거래위원회의 가맹사업거래 사이트 franchise.ftc.go.kr에 공시된 '프랜차이즈 정보공개서'에서 평균 매출액이나 가맹점 수, 영업이익 등을 꼼꼼히 확인하자. 혹시 가맹점 수가 반짝 늘었다가 줄고 있지는 않은지, 직영점 수가 적지는 않은지 확인해야 한다.

그런데 막상 정보를 구하려 해본 사람은 누구나 느끼겠지만, 인터넷을 통해서든 오프라인이든, 창업에 대한 정확한 정보를 얻을 곳이 많지 않은 것이 냉정한 현실이다. 대부분 자신과 이익이 직결되는 업체들의 정보들만이 범람하고 있다.

그렇다고 본사 점포개발팀이라고 해서 항상 믿을 수 있는 것도 아니다. 떴다방 식으로 사라지는 기획형 프랜차이즈도 많다. 이렇게 말하면 많은 예비창업자들은 "그럼, 어디서 정보를 얻어야 하는 거냐?"고 질문할 것이다. 대답은 간단하다. 다양한 방법으로 '발품을 팔아야 한다'고 원론적으로 말할 수밖에 없다. 창업컨설팅업체가 판을 치는 이유도 정보를 얻기 힘든 구조에 있다. 이를 막기 위해서는 직접 정보를 얻는 수밖엔 없다.

한 예비창업자는 3개월 동안 자신이 가게를 열고자 하는 브랜드 매장에서 아르바이트생으로 직접 일해본 경험이 있다. 결과는 어떻게 됐을까? 그는 일해본 뒤 창업의 꿈을 아예 접었다. 도저히 이익이 나기 힘든 구조라는 사실을 깨달은 것이다. 좀 안타까운 결론인가? 그래도 망하지는 않았다는 점에서 본인은 천만다행이라고 여기고 전혀 다른 일을 하고 있다.

인터넷을 통해서 얻은 정보는 반드시 현장 인근 부동산과 상권을 직접 돌아보며 사실에 부합하는지 확인하는 작업을 거쳐야 한다. 발품을 팔다보면 최소한 허위 정보는 거를 수 있다. 원하는 가게가 컨설팅 의뢰 전에는 저렴한 가격에 부동산에 내놨던 사실을 알게 되기도 하고, 원하는 가게는 아니더라도 인근에 비슷한 가게를 더 저렴하게 계약하기도 한다. 이것은 모두 인터넷이 아닌 발품을 통해서만 가능한 일이다. 인터넷에 올인하지 말고, 할 수 있는 모든 수단을 동원해 인터넷 정보의 진실을 밝혀야 한다.

2장

창업컨설팅,
달콤한 악마의 유혹

1
창업컨설팅이란?

세계 1위 자영업 국가

한국은 사실상 세계 1위 자영업 국가다. 대략 한해 100만여 명이 새로 창업하고, 80만여 명이 폐업한다. 고용규모로만 따지면 대기업 몇 곳이 매년 생겼다 사라지기를 반복하는 셈이다. 이 거대한 창업시장의 회로를 돌리는 '신흥 엔진'이 바로 '창업컨설팅'이다. 이들은 '권리금'을 매개로 아예 또 다른 산업을 일궈냈다. '권리금'이라는 연료를 태워 돌아가는 창업컨설팅은 매해 자영업자들의 소박한 꿈과 정직한 땀을 함께 갈아 넣어 삼켜버린다.

창업컨설팅업체들은 외환위기 직후 대규모 명예퇴직으로 자영업 창업 붐이 일었던 2000년대 초반 태동했다. 1999년 561만6천여 명이던 자영업자는 2000년대 초반부터 600만여 명을 넘어섰지만, 코로나19 위기를 맞은 2021년 현재는 556만4천 명으로 다소 감소했다. 이때부터 지금까지 해마다 약 100만 명이 새로 창업하고, 70~80만 명이 폐업하는 패턴이 이어지고 있다. 외환위기의 직격탄을 맞은 이들의 퇴직금이 창업컨설팅업체들의 주춧돌이 됐다. '랭키닷컴'의 사이트 순위표를 보면, '창업·프랜차이즈' 업종에 243개의 사이트가 난립해 있다.

두 번째 창업 붐은 세계 금융위기와 베이비붐 세대1955~63년생의 조기은퇴가 겹쳤던 2010년 무렵에 있었다. 당시 창업의 특징은 기존 가게들을 프랜차이즈 점포로 바꾸는 것이었다. 상대적으로 자금여유가 있던 베이비붐 세대들은 좀 더 안전하리란 판단으로 프랜차이즈를 택했다. 2013년 신규 창업자 10명 중 5명이 프랜차이즈 가맹점으로 창업했다. 덩달아 창업컨설팅업체들도 기업화했다. 서울 강남에 사무실을 둔 대형 창업컨설팅업체들이 이때 집중적으로 생겨났다.

'더블' 계약으로 수익 극대화

프랜차이즈업체와 물밑 '인센티브'로 연결된 창업컨설턴트들은 예비창업자를 프랜차이즈로 이끈다. 그리고 업체와 창업자 양쪽에서 수수료를 챙기는 이른바 '더블' 계약으로 수익을 극대화한다. 정보 부족 상태에서 프랜차이즈 창업을 택한 이들은 높은 초기 창업비용을 감당하고도, 나만의 영업 노하우를 확보하지 못한 채 과당경쟁을 벌이게 된다. 대표적인 프랜차이즈 업종인 음식업의 경우 평균 생존기간이 4.18년에 불과하다. 폐업도 쉽지 않다. 권리금으로 창업비용을 일부라도 회수하려면 다시 창업컨설턴트에게 의존해야

하는 악순환이 '무한 루프'로 반복된다.

한국 사회의 가계부채 가운데 약 40퍼센트가 자영업 부채로 그 규모는 409조7천억 원에 이른다. 자영업자 대책은 그 자체로 가계부채 대책의 가장 중요한 부분이다. 자영업 부채의 대부분은 창업 때 발생한다. 자영업자들은 빚을 내 창업하고, 운영하는 기간에는 이 돈을 제대로 갚지 못한다. 가게를 팔고 나갈 때 권리금을 받아 갚는다고 생각하는 게 보통이다.

자영업자들이 하는 흔한 자조 가운데 "자영업으로 돈을 버는 방법은 권리금 장사밖에 없다"는 말이 있다. 문제는 권리금을 한푼이라도 더 받으려는 양도인과, 반대로 한푼이라도 덜 내려는 양수인 사이에서 창업컨설팅업체가 농간을 부린다는 점이다. 한때 양수인이었던 자영업자가 곧 양도인이 되는 폭탄 돌리기인 셈이다.

2
기자가 직접 일해본 '창업컨설팅'

위장 취업

"정장을 말쑥하게 빼입은 젊은 사람이 외제차를 타고 와서 계약만 하고 가더라."

"강남에 큰 사무실이 있다고 하더라."

주요 상권에 있는 대부분의 가게들이 지역 부동산이 아닌 강남에 위치한 창업컨설팅업체를 통해 계약을 한다고 했다. 하지만 이 이상의 창업컨설팅업체에 대한 상세한 정보는 찾기 어려웠다. 직접 업체와 거래를 했다는 자영업자에게 수소문해봐도, 업체가 어떤 곳인지 정확히 아는 사람은 드물었다.

부동산업자와 자영업자들이 입을 모아 가장 큰 규모의 업체라고 했던 곳을 인터넷에서 검색했더니, 채용공고가 하나 떴다. 채용공고에는 4대 보험이 되는 정규직에 연봉은 5천만~8천만 원이라고

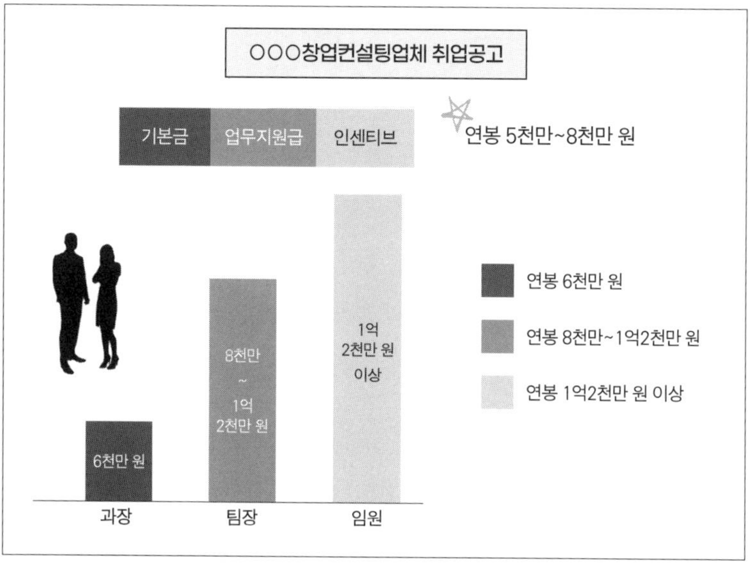

기자가 취업을 시도한 창업컨설팅업체 취업공고. 4대 보험이 되는 정규직에 연봉은 5천만~8천만 원이라고 적혀 있다.

했다. 직원만 200명이 넘고, 서울 강남 역세권 오피스빌딩에 200평이 넘는 번듯한 사무실도 갖추고 있었다. 공고로만 봐서는 '꿈의 직장'을 찾은 듯했다.

정보 부족에 일단 취업부터 시도해보기로 했다. 아직 20대니까 취업이 되지 않을까 하는 막연한 기대감과 함께 관련 경력이 없어 안 될 것이라는 불안함이 공존했다. 입사해서 어떤 일을 하게 되는지조차 전혀 모른 채였다. 채용조건만 보아서는 괜찮은 직장이라 신문사 선배들과 "다녀보고 좋으면 이직할지도 모른다"는 농담을 주고받기도 했다.

관련 경력이 전혀 없었기에 아무리 신입이라도 입사지원이 어렵

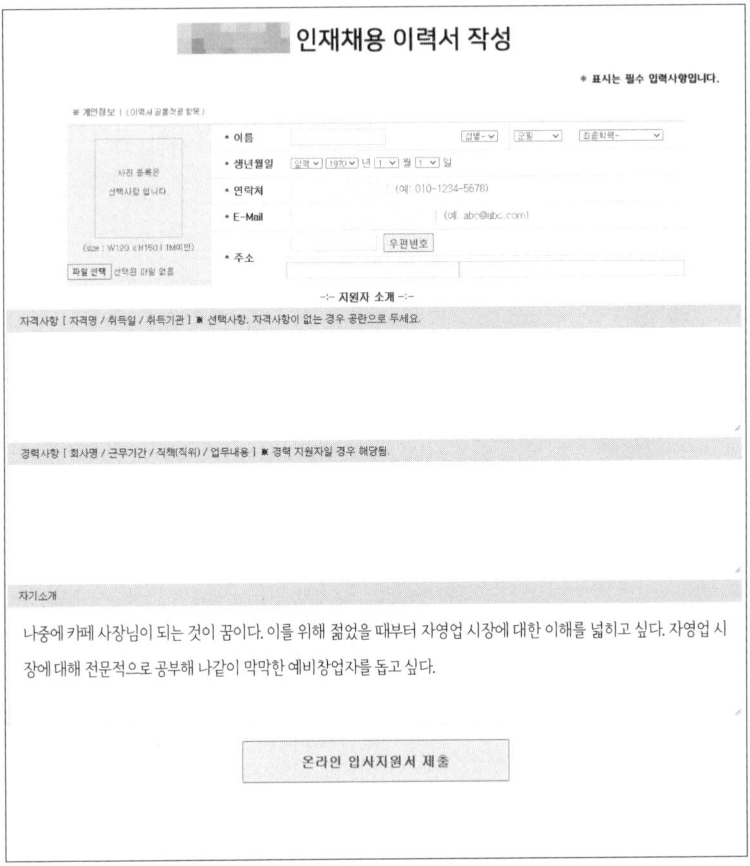
인재채용 이력서 작성

* 표시는 필수 입력사항입니다.

* 이름

* 생년월일 양력 1970 년 1 월 1 일

* 연락처 (예: 010-1234-5678)

* E-Mail (예. abc@abc.com)

* 주소 우편번호

사진 등록은 선택사항 입니다.

(size : W120 x H150 | 1M미만)

파일 선택 선택된 파일 없음

-:- 지원자 소개 -:-

자격사항 [자격명 / 취득일 / 취득기관] ※ 선택사항. 자격사항이 없는 경우 공란으로 두세요.

경력사항 [회사명 / 근무기간 / 직책(직위) / 업무내용] ※ 경력 지원자일 경우 해당됨.

자기소개

나중에 카페 사장님이 되는 것이 꿈이다. 이를 위해 젊었을 때부터 자영업 시장에 대한 이해를 넓히고 싶다. 자영업 시장에 대해 전문적으로 공부해 나같이 막막한 예비창업자를 돕고 싶다.

온라인 입사지원서 제출

창업컨설팅업체의 채용 이력서. 자격사항과 경력사항은 비워뒀고, 자기소개만 채워서 제출했지만 서류 합격 통보를 받았다.

지 않을까 걱정이 되기도 했으나 이력서 작성 항목은 그다지 어렵지 않았다. 이름과 생년월일, 연락처, 이메일, 주소 등 기본적인 사항 외에 자격사항과 경력사항경력 지원자일 경우 해당, 자기소개 세 가지로 나뉘어 기재하도록 되어 있었다.

자격사항과 경력사항이 모두 없기에 공란으로 비워뒀고, 자기소개만 작성했다. "나중에 카페 사장님이 되는 것이 꿈이다. 이를 위해 젊었을 때부터 자영업 시장에 대한 이해를 넓히고 싶다. 자영업 시장에 대해 전문적으로 공부해 나같이 막막한 예비창업자를 돕고 싶다"고 야심차게 적었다. 인터넷으로 제출하고 이틀 뒤 곧바로 연락이 왔다. "서류전형에서 합격하셨다. 면접일정을 잡아드리겠다"라는 인사담당 직원의 반가운 전화였다.

면접에는 단정한 차림으로 오라는 말에, 모처럼 정장을 꺼내 입고 업체 사무실로 향했다. 교통의 요지라고 할 수 있는 강남 역세권에 위치한 번듯한 곳이었다. 안내데스크 직원의 안내로 잠시 음료를 마시면서 대기하니 김성호가명 팀장이 인사를 건넸다. 입사하게 되면 함께 일할 팀장이라고 했다. 김 팀장은 왜 이 일을 하려고 하는지를 물은 뒤부터는, 더 이상 나에 대해 궁금해하지 않고 일에 대한 설명만 늘어놓았다.

먼저, 김 팀장은 묻지도 않은 임금구조에 대해 다짜고짜 이야기하기 시작했다. 매월 정해진 월급을 받는 구조가 아닌, 계약 수수료에 따라 10퍼센트가량의 인센티브를 받게 되는 구조라고 했다. 김 팀장은 "수수료를 한 건당 기본적으로 2천만 원에서 4천만 원을 받는 계약을 성사시킬 경우, 이 중 200만~400만 원의 인센티브를 창업컨설턴트가 받게 된다"고 설명했다. 못 버는 달도 있겠지만, 직원 200명 가운데 50명은 한 달에 월급을 1천만 원 이상씩 챙겨간다고 강조했다. 결국 계약실적에 따라 인센티브를 받는 프리랜서였던 것이다.

이어 김 팀장은 묻지도 않은 말에 변명하듯 "우리가 하는 일은 굉장히 큰돈이 오가는 일이다. 하지만 불법적인 일은 아니고, 합법적인 영역에서 하는 일이니 걱정하지 않아도 된다"고 했다. 예상치 못한 이야기에 잠시 당황하자 "대형 법무법인에서 법적인 문제를 담당하니 신경쓰지 않아도 된다"고 안심시키기도 했다. 그래도 주저하는 기색을 감추지 못하자 "며칠 동안 조금 더 생각해보고 일할지 여부를 말해줘도 된다"고 했다.

면접을 보고 나온 뒤 업계에 대한 호기심은 더욱 강해졌다. 대체 무슨 일을 하게 되는 것일까? 초면에 "불법이 아니다"라고 여러 번 강조한 이 업태는 과연 정말 불법이 아닐까.

입사 첫날부터 '과장님'

서울의 한 창업컨설팅업체 사무실 모습. 남녀 모두 반드시 정장을 입어야 한다. 손님들이 고품질의 서비스를 받고 있다는 인상을 주기 위해서다.

면접 이후 별도 절차 없이 바로 창업컨설턴트가 됐다. 관련 경력이 전무한 '초짜'였지만 '묻지도 따지지도 않고' 입사 하루 만에 '과장님'이 됐다. 첫날 배치받은 컴퓨터 프로그램에는 '장나래 과장님'이라는 글씨가 또렷하게 적혀 있었다.

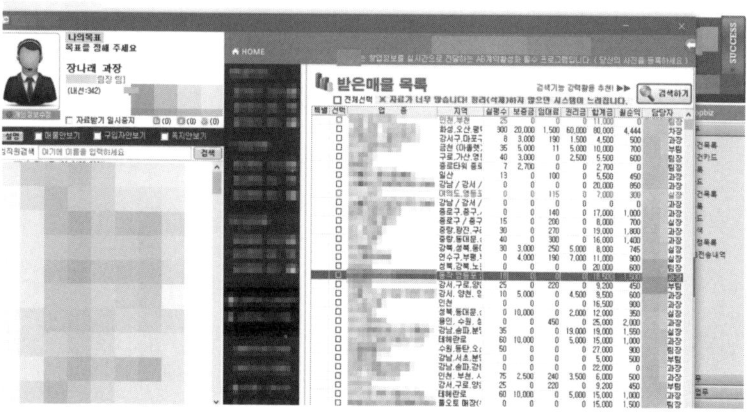

아무런 경험도 자격도 없던 기자는 입사 첫날 과장이라는 직함을 받았다. 매물이 올라와 있는 내부 컴퓨터 프로그램 모습

입사 첫날 오전에 신입교육을 받았다.

"우리가 하는 일을 무기중개상이라고 생각하면 이해가 쉬워요. 무기를 실제로 갖고 있지는 않지만 정보를 파는 일이죠. 변호사가 성공보수를 받는 게, 우리로 치면 수수료예요. 대형 법무법인과 함께 일하기 때문에 계약서에 대한 문제도 미리 대비를 해두어서 문제될 일은 전혀 없어요."

창업컨설팅은 고부가가치를 창출하는 비즈니스일 뿐 불법은 아니라는 내용이었다. 팀장은 10여 년 전부터 높은 수수료 문제와 공인중개사 자격 여부로 법정 다툼을 벌였지만 아무 문제 없었다며 걱정하지 말라고 안심시켰다.

옆자리 선배는 "권리금 2억 원짜리 가게를 8개월 만에 무권리로 후려쳤다"는 무용담으로 상견례를 시작했다. 이후에도 "권리금을 낮추면 낮출수록 수수료를 많이 뗄 수 있다"는 말을 매일 귀에 딱지가 앉도록 들었다. 계약이 없으면 월급도 없는 구조에서 직원들은 누가 시키지 않아도 수수료가 큰 계약에 목숨을 걸 수밖에 없었다.

신입이 '계약'을 따내기 위해서는 역설적으로 '전문가'임을 강조해야 했다. 어떻게 창업컨설팅을 해주는 건지 교육조차 받은 적이 없었다. 하지만 '초짜'임이 드러나면 계약이 성사될 가능성이 낮아져 별다른 방법이 없었다. '진실인지 모를' 선배들의 무용담을 자신의 경험처럼 활용해 홍보하라고 했다.

사내 매뉴얼 1_
본인이 능력 있는 최고의 창업전문가임을 자신 있게 말하세요.

요즘은 본인 PR시대입니다. 본인이 본인을 알려야 다른 사람이 인정해 줍니다. 국회의원 및 대학교수는 자기 약력을 화려하게 장식한 사람이 당선되거나 강의를 많이 하는 경우가 대부분이라고 합니다.

우리 창업전문가도 때로는 선의의 과장이 필요합니다. 예를 들어 "1년 6개월 전에 명동역 XX호프집을 오픈하는 것을 도와줬는데, 그분이 돈을 많이 벌어 지금 점포를 또 하나 오픈하려고 저와 만나고 있습니다" 등과 같은 멘트가 손님이 볼 때는 능력 있는 전문가로 보이기 때문입니다.

—○○○컨설팅업체 자료

사내 매뉴얼 2_

자신 있고 능력 있게 보여야 합니다.

고객은 큰 투자금액으로 사업체를 창업하려고 합니다. 어떤 고객은 대출까지 받아가며 하려고 합니다. 이때 전문가인 저희가 고객이 보았을 때 비전문가로 보이거나 혹은 신뢰를 얻지 못하면 계약은 불가능합니다. 상담할 때 최대한 예의는 지키면서 당당하고 말을 똑똑하게 하여 고객의 마음을 사로잡아야 합니다. 굴욕적인 모습이나 저자세를 취해서는 안 됩니다. 명함을 줄 때도 고객의 눈을 똑바로 보고 주고, 악수할 때도 손에 악력을 주어 힘있는 모습을 보여줘야 합니다.

–○○○컨설팅업체 자료

전문가가 아닌 사람을 신입으로 뽑아 '과장', '창업컨설턴트'라는 직함을 달아놓고 '전문가' 행세를 하라고 하는 것이다. 고객이 불신하는 것 같으면 "이 업체는 20년이 다 되어가는 만큼 정보도 많고, 경험도 풍부하다"며 회사를 믿도록 하는 장치까지 교육했다.

프리랜서가 '월급'을 벌기 위해서는 먼저 양도양수할 '내 점포'를 구해야 했다. 왕도는 없었다. 일일이 매장에 전화를 돌려 매매의사를 물었다. 콜센터 직원으로 착각할 정도로 온종일 전화기를 붙들고 살았다. 회사 벽에는 "진짜 돈을 벌고 싶으면 통화를 하라"는 문구가 걸려 있었다. 행여 전화를 하고 있지 않으면 상사가 바로 눈치를 줬다. 하루 200통 이상 전화 할당제가 있어 밤늦게 퇴근하는 일이 다반사였다.

기자와 비슷한 시기에 입사한 신입 창업컨설턴트들이 한자리에 모여 교육을 받고 있다. 전화로 매물을 구할 때 '전문가처럼 보여야 한다'는 내용이었다.

전화로 팔 매장을 구하는 작업을 '매물화'라고 한다. 매물화 작업은 신분을 속이는 '사칭'으로 시작한다. 알바 노동자만 근무하는 매장에서 점주의 번호를 알아내기 위해서다. 포스판매정보관리시스템 업체, 주류회사, 타 지점 점주, 세무사, 커피 원두 공급업체 등이라고 속여서 사장 휴대폰 번호를 따는 '9가지 사칭 매뉴얼'을 받았다.

"같은 프랜차이즈 ○○점 점주입니다. 사장님하고 긴히 상의할 게 있어서 연락드렸습니다. 직접 말씀드려야 하니까 핸드폰 번호 좀 알려주세요." 그런데 하필 전화를 받은 매니저가 ○○점 점주와 아는 사이여서 사칭이 들통나 망신을 당했다.

회사는 "그럴수록 당당해야 한다. 걸리면 '센 언니'처럼 받아쳐라"고 가르쳤다. 사칭 작업을 능숙하게 해줄 '거짓말 매뉴얼'을 더 확실하게 숙지하란 당부와 함께 "어차피 그 사람들은 다 가게를 팔고 싶어 한다는 걸 잊지 말라"고 했다. 신입교육에서는 "예전에는 경찰을 사칭하기도 했다"는 한 팀장의 무용담도 들을 수 있었다. 여성 창업 컨설턴트의 경우 "세금문제라고 하면 두려워하기 때문에 세무사 사칭도 써먹을 만하다"는 조언?도 서슴지 않았다. 매장을 팔기 위해서라면 직원들에게 아무렇지 않게 불법적인 사칭까지 강요하고 있었다.

사내 매뉴얼_매장에 전화 걸어 사장 번호 알아내는 법

창업전문가가 "안녕하세요? 사장님 계십니까?"라고 물었을 때 매장 종업원이 "안 계신데 누구세요?"라고 되물을 경우 다음 중 하나로 응대하세요.

※ 너무 부드러운 목소리로 얘기하면 전화번호를 안 알려줄 수 있기 때문에, 당당하고 조금은 건방진 듯한 톤으로 말하는 것이 좋습니다.

<답변 매뉴얼>

답변 1. 매장 앞 도로공사 때문에 연락드렸습니다.

답변 2. 포스업체입니다. 포스 업데이트 때문에 연락드렸습니다.

답변 3. 주류회사입니다. 이번 달 주류 이벤트 할인 때문에 연락드렸습니다.

답변 4. 타지점 점주인데 사장님하고 상의할 게 있어서 연락드렸습니다.

답변 5. 세무 관련 기장하는 회사입니다. 세무와 관련해 사장님과 상의할 게 있어서 연락드렸습니다.

답변 6. 이번 달 주류 및 음료 할인 이벤트 때문에 연락드렸습니다.

답변 7. 지난번에 들렀던 원두김치 등 업종에 따라 다르게 공급업체입니다.

사장님이 금액 때문에 연락 달라고 하셨는데 제가 명함을 집에 두고 와서 연락드렸습니다.

답변 8. 물류회사입니다. 이번 달 할인 이벤트 건으로 사장님께 말씀드릴 게 있어 전화드렸습니다.

답변 9. 대형건물일 경우 임대관리 회사입니다. 관리비 때문에 통화를 좀 해야겠습니다.

위의 답변 중 하나를 말한 후에 "사장님께 직접 말씀드려야 하니까, 사장님 핸드폰 번호 좀 알려주세요"라고 말한다.

—ㅇㅇㅇ컨설팅업체 자료

점주와 연락이 닿으면 그때부턴 '심리전'이다. 빨리 팔되 권리금도 많이 받고 싶은 점주의 이중성이 공략 지점이다. 권리금 산정에 명확한 근거는 없다. 컨설턴트의 월급이 되는 수수료와 팔려는 사람의 권리금은 반비례 관계다. 권리금이 내려갈수록 수수료는 올라간다. 팀장은 "감으로 차차 알게 될 것"이라며 이렇게 말했다.

"어차피 주고객인 양수인은 우리 수수료를 모르고, 양도인은 계약할 때나 알게 된다. 당당하게 하라."

권리금을 누르는 가장 손쉬운 방법은 가짜 손님을 만드는 것이다. 존재하지도 않는 손님을 내세워 지금 바로 가게를 살 것처럼 연기한다. 선임의 교육은 이랬다.

"가령 매장이 강남구에 있다고 하면 '지금 송파에 사시는 남자 손님이 회사에 와 계시는데, 거리 때문에 강남 쪽 매장만 원하시네요.' 이렇게 구체적으로 말해 진짜 손님이 있는 것처럼 믿게 해야 한다." 그리고 "손님이 지금 바로 계약하려는데 돈이 조금 부족한 척" 애달프게 연기를 해줘야 한다는 것이다. 한번 후려쳐진 권리금은 다시 올라가지 않는다.

그래도 권리금을 낮출 기미가 없으면 반협박을 시작한다.

"이런 점포 요새 누가 삽니까. 내놓으신 지 1년 다 돼가시잖아요. 파신다는 소문만 나고 있는데 절대 이 가격엔 못 팔아요. 그럼 장사 계속하시든가요. 빚만 더 느는 거죠."

이때 중요한 건 정보우위를 과시하는 것이다. 입사하자마자 '과장'이라는 직함을 준 이유도 여기에 있다. 점주와의 심리전에서 지지 말고, 점주보다 한 수 위에 올라서야 한다. 팀장은 "어차피 계약은 우리가 우위를 가져야 하는 것"이라며 "반협박이 먹히지 않는 매장은 '블랙리스트'로 구별하라"고 지시했다.

이렇게 반협박이 먹혀들어 점주의 불안감이 커지면 이른바 '달래기' 작업을 시작한다.

"점주님, 몇 달째 적자만 보시는데, 가격이 더 떨어지기 전에 이번 겨울에 어떻게든 파셔야 하잖아요. 권리금을 조금만 낮추시면 제가 최선을 다해 도와드릴게요. 제가 오래 봤는데 이러다 나중엔 아예 권리금도 못 받고 나오실까 봐 걱정돼서 그래요."

이 작업이 끝나고 권리금을 더는 낮출 수 없을 만큼 눌렀다는 판단이 서면, 비로소 손님을 붙인다. 손님을 붙일 때는 '우리 계산'으로 수익을 짜맞추는데, 이는 인건비, 카드수수료, 세금 등 필수적인 금액을 누락하거나 축소해 수익을 부풀리는 방식을 뜻한다.

장사 경험이 있는 사람들은 '우리 계산'의 허위를 금방 알아채니, "여윳돈으로 월 순익만 보고 장사를 시작할 사람, 귀가 얇은 사람을 먼저 공략"해야 한다.

손님은 주로 업체에서 운영하는 창업사이트의 허위 매물을 보고 연락해 온다. 연락해 온 손님은 무조건 사무실로 부르는 게 원칙이다.

"장나래 과장님, 손님 오셨습니다. 2번 회의실입니다."

안내 직원의 말이 끝나기도 전에 주변에서 "오~" 하는 소리와 박수가 쏟아졌다.

각 팀의 내방 결과는 달마다 벽에 붙여 공개한다. 고객이 내방하게 하는 것을 '고객 기죽이기'라고 부른다. 강남 한복판에 있는 번듯한 사무실 VIP룸에서 안내데스크 직원들이 음료와 필요한 서류를 준비해주고, 정장을 차려입은 컨설턴트가 매물을 설명해주는 상황에 압도되면 결국 고액의 수수료를 쉽게 용인하게 된다는 것이다.

고객은 초보냐 아니냐에 따라 '상태 좋은 구매자'와 '빠꼼이'로 분류된다. 업계에 빠삭한 빠꼼이는 기피 대상이다. 초보창업자이면서 귀까지 얇으면 최적화된 대상이다. 무인 인형뽑기방 광고를 보고 문의해 온 박정민가명 씨가 그랬다.

주변에서 자영업으로 '대박' 친 친구를 보고 본인도 해보고 싶다고 말해서, 그는 '귀 얇음'과 '상태 좋음'으로 분류됐다. 하지만 팀에는 인형뽑기방 매물이 없었다. 다른 팀에서 가지고 있는 매물을 가져다 팔 수도 있지만 그러면 수수료의 절반을 떼줘야 한다. 자신의 매물을 자신의 고객에게 파는 이른바 '더블 계약'을 해야 수수료를 100퍼센트 가져갈 수 있다. 무조건 우리 매물을 팔기 위해서 뜬금없지만 박씨에게 독서실을 추천했다. 과거 이력을 물어본 뒤 "학원을 했으니 연관 업종인 독서실 운영이 인형뽑기방보다 낫다"고 조언했다. "최근 브랜드 독서실이 뜨고 있고, 교육사업은 늘 호황"이라는 전문가적 트렌드 분석도 곁들였다.

다음 단계는 추천한 매장을 직접 보여주는 것이다. 최고급 승용차로 손님을 정성껏 모신다. 이때는 이른바 '뷰가 죽이는' 시간을 잘 선택하는 것이 중요하다. 손님이 가장 많이 몰리는 시간을 확인해 우연인 척 그때 방문하는 것이다. 신규점포 업종을 바꾼 가게 라면 길가에 사람이 가장 많은 시간대를 선택한다. 신입교육에서 팀장은 "창업자들의 마음을 사로잡기 위해서는 무조건 '뷰'가 좋아야 한다"며, "뷰가

계약이 체결되면 수수료의 크기에 따라 게시판에 공개된다. 가장 낮은 L 등급은 1,500만 원 이하, M은 1,500만~2,500만 원, N은 2,500만~3,500만 원, O는 3,500만 원 이상 수수료를 받은 계약이다. 하단에는 월별 계약건수를 팀별, 컨설턴트별로 공개해놓았다. 매일 경쟁을 시키며, 계약을 독려하는 구조다. 계약에 성공하면 매일 아침 방송으로도 이를 발표하며 함께 축하해주는 시간을 갖는다. 월별 최대 계약건수를 달성한 팀은 수상도 한다.

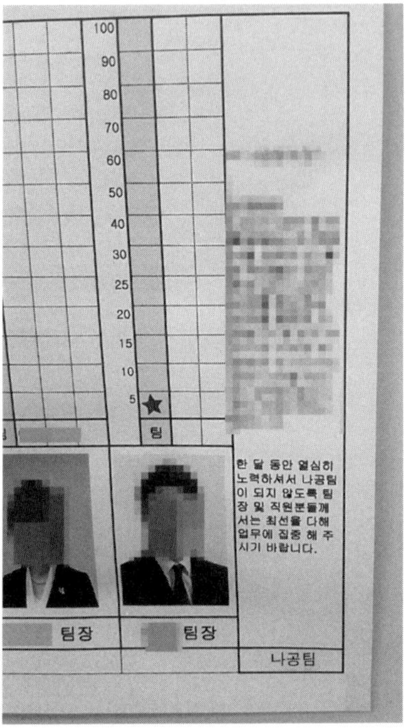

계약 성적이 저조한 팀은 일명 '나공팀'(나머지 공부 팀)으로 분류돼 밤 9시까지 연장근무를 하는 '벌칙'을 받았다. 나공팀은 게시판에도 게시된다.

계약을 결정하는 가장 큰 심리적 요인"이라고 강조했다.

매장을 본 손님이 마음에 들어 해도 계약 도장을 찍는 순간까지 작업은 계속된다. 이른바 '입단속'이 틀어지면 언제든 계약은 무산될 수 있다. 입단속은 여러 차원에서 이뤄진다. 매물화 단계에서는 양도인이 매물을 부동산 중개업소나 경쟁 컨설팅업체에 내놓지 못하도록 해야 한다.

"여기저기 부동산에 내놓으시면 안 팔리는 데라고 소문나서 더 안 나가요. 저희가 조용히 팔아드릴 테니까 다른 데 내놓지 마세요."

다음 단계는 양도인과 양수인이 계약 도장을 찍기 전까지 서로 만나지 못하도록 하는 것이다. '깜깜이 계약'을 위해서다. 매물화 작업을 거친 '권리금'이 얼마인지는 도장을 들고 오는 계약 당일에야 알려준다. 수수료가 고액임을 미리 알게 될 경우, 공인중개사를 끼고 직접 계약하려 할 수도 있기 때문이다.

성공한 계약은 수수료의 크기에 따라 4단계로 평가받는다. 가장 낮은 L 등급은 1,500만 원 이하, M 등급은 1,500만~2,500만 원, N 등급은 2,500만~3,500만 원, O 등급은 3,500만 원 이상 수수료를 받은 계약이다. 전체 수수료의 33퍼센트를 회사에 내고, 남은 금액의 70퍼센트를 팀장에게 떼줘야 하는 구조여서 L 등급 계약은 고생만 하고 실속은 없다는 평을 받았다. M과 N 등급은 기본은 한 정도이고, O 등급은 모두의 부러움을 샀다. 등급에 따른 계약 결과는 월별 순위가 매겨져 게시판에 공개되고, 저조한 팀은 일명 '나공팀'나머지 공부 팀으로 분류돼 밤 9시까지 연장근무를 하는 '벌칙'을 받았다. 이렇게 수수료 단계를 알파벳으로 표기하는 이유는 직원들끼리 공개적으로 경쟁을 시키면서도 내방하는 고객들은 모르게 하기 위해서다.

김 팀장의 점포 매매작전

경력 9년차 김 팀장의 '점포 매매 실력'은 탁월했다. 권리금 6천만 원짜리 가게가 '무권리'가 되는 데는 반년도 걸리지 않았다. 그리고 돌연 보름 만에 다시 2천만 원의 권리금이 붙어 매매됐다.

서울 시내 한 여대 앞 네일숍의 '권리금 누르기깎기' 작업은 지난해 6월 초 시작됐다. 창업컨설팅업체들은 문을 연 지 6개월이 넘은 가게를 대상으로 담당자를 지정해 몇 달씩 집요하게 '누르기' 작업을 진행한다.

첫 통화에서 김 팀장은 네일숍 점주인 서현수가명, 50대 씨에게 매장 매매의사가 있는지 물었다. 서 씨는 권리금 6천만 원을 받지 못하

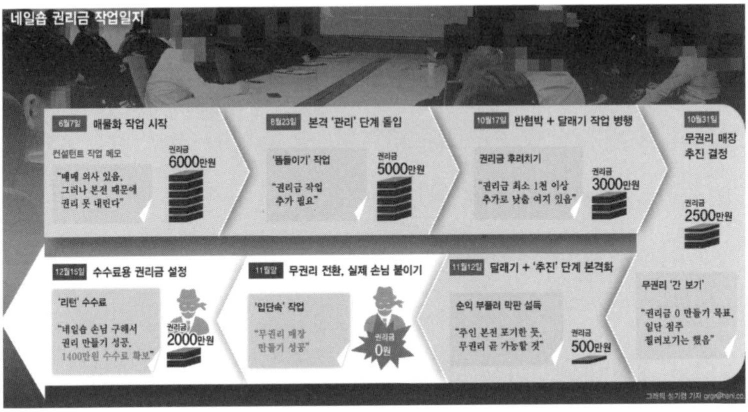

김 팀장의 네일숍 권리금 작업일지. 자료: 한겨레 그래픽

면 팔지 않겠다고 했다. 권리금 5천만 원을 포함해 가게를 인수하고 새로 꾸미는 데 1억 원 넘게 투자한 서 씨가 생각하는 최소한의 '본전'이었다. 김 팀장은 내부 전산망에 금액을 입력하고 물건 등급은 '보류'라고 적었다. 보류 매장은 매매할 의사가 없진 않지만, 권리금 누르기를 시작하지 않은 매장을 의미한다.

누르기 작업은 2개월 뒤 시작됐다. 다시 전화를 걸어 "네일 점포 찾는 손님이 있는데 가격을 좀 낮춰서 진행해보실 생각이 있느냐?"고 간 보기에 나섰다. 손님이 있다는 건 거짓말이었지만, 장사가 잘 안돼 고민하던 서 씨는 솔깃해졌다.

"다른 매장도 여러 개 보여줬는데, 이 매장을 유독 마음에 들어 하시네요. 근데 권리금이 하도 무거우니까 조정을 해서 진행하시면 어떨까요?"

이 통화에서 서 씨는 권리금을 1천만 원 낮췄다. 김 팀장은 손님에게 브리핑하겠다며 최근 1년간의 매출현황도 받아갔다.

김 팀장은 그 뒤로 한 달이 넘도록 연락하지 않았다. 매도자의 애를 태우는 '뜸 들이기'가 시작된 것이다. 첫 권리금 인하 작업을 시작하면서 물건 등급은 '관리' 단계가 됐다.

한번 누르기에 성공하면 가속도가 붙는다. 10월부터 본격적인 권리금 누르기가 시작됐다.

"겨울방학 비수기에 접어들기 전에 무조건 파셔야죠. 비수기에는 손해를 많이 보시잖아요. 권리금을 3천만 원으로 하시죠."

현재 권리금 5천만 원에서 무려 3천만 원으로 더 깎자는 말에 서 씨는 당황했다.

"요즘 그 동네 시세 모르시는 거 아니죠? 겨울방학 들어서 매출 더 떨어지면 그것도 못 받고 그냥 던지셔야 해요."

이날 권리금은 2천만 원이 더 내려가서 3천만 원이 되었다.

'밀당'의 균형이 급격히 무너졌다. 서 씨는 손톱 관리 기술이 없어 직원을 3명이나 두고 있었다. 권리금으로 최소한의 본전은 챙길 수 있을 거라고 기대했는데, 김 팀장이 가격을 후려치자 한푼도 건지지 못할 수 있겠다는 공포감이 밀려들었다. 서 씨는 매출이 더 떨어지는 겨울방학 전에는 무조건 팔아야겠다고 생각했다. 이를 눈치챈 김 팀장은 작업일지에 '1천만 원 인하 더 가능할 듯'이라고 기재했고, 실제 보름 뒤 500만 원을 추가로 깎았다. 6천만 원을 부르던 권리금은 세 번의 통화로 2,500만 원이 됐다. 그사이 손님은 단 한 번도 붙이지 않았다.

'권리금 후려치기'는 김 팀장이 창업컨설팅이란 정글에서 10년을 버텨온 생존법이다. 평소 신입 직원들을 향해 강조했다.

"권리금을 누를 때는 점주가 화를 낼 만큼 확실히 후려쳐라."

5천만 원에서 시작했는데 3천만 원을 깎자고 하면 처음에는 놀라지만, 그래야 현실을 자각해 1천만 원 혹은 2천만 원이라도 깎을 수 있단 얘기다.

김 팀장의 목표는 언제나 '무권리'다. 반협박을 넘어 흠집 내기도 서슴지 않는다. "네일은 찾는 손님도 적다, 학교 앞은 계절을 타서 매출도 좋지 않다, 애써봤지만 다른 매장에 비해 경쟁력이 없어 손님이 붙지 않는다"는 따위의 말을 이어간다. 그러다가 마지막에는 무권리를 권한다.

"겨울방학 전에 내놓으시려면 신규권리금 없는 매장로 가시죠. 신규는 무조건 무권리인 거 아시죠?"

11월 12일 권리금은 500만 원까지 내려갔다. 서 씨는 매출부진과 컨설턴트의 혼 빼기가 겹쳐 자포자기 상태가 됐다. 11월 중순부터는 무권리라도 넘길 테니 팔아만 달라고 오히려 서 씨가 사정하기 시작했다. 김 팀장은 여전히 손님을 붙이지 않았다. 결국 권리금은 '0'이 됐다.

김 팀장이 처음 손님을 붙인 건 11월 말이었다. 네일숍 직원으로 1년 넘게 일하다 30대에 접어들며 사장님을 꿈꾸게 된 이미선가명 씨였다. 창업정보를 어디서 알아봐야 할지 몰랐던 이 씨는 인터넷을 뒤적이다 창업사이트에 연락했다. 김 팀장은 이 씨에게 매장을 보여주며 점주 서 씨에게 한 말과 정반대로 설명했다. "여대 앞이면 괜찮은 입지예요. 네일 수요가 많은 곳이에요."

원래 권리금은 3천만 원 이상 받아야 하지만 2천만 원까지는 최대한 조정을 해주겠다고 했다. 대신 빨리 결정하라고 조언했다. 무권리로 떨어졌던 매장이 갑자기 3천만 원짜리 매장으로 값이 올랐다.

인수 결정에는 딱 일주일이 걸렸다.

"카페 하시려는 분이 인수하시려고 해서 빨리 결정해주셔야 해요. 계약금만 우선 넣으시든가요. 계약 안 되면 돌려드려요."

수시로 재촉이 이어졌다. 이 씨는 '어차피 할 가게, 행여 다른 사람에게 팔릴까' 두려웠다. 계약금과 컨설팅 수수료 400만 원을 포함해 600만 원을 급하게 만들어 건넸다. 나머지 권리금은 전세금을 빼서 마련했다. 권리금이 부담스러웠지만 매출자료도 확인했고, 초보도 쉽게 자리 잡을 수 있을 것 같은 입지에 기대감이 앞섰다.

이 씨가 권리금으로 낸 돈은 2천만 원이었는데, 이 가운데 1천만 원을 컨설팅업체가 챙겼다. 이 씨한테서만 1,400만 원의 수수료를 받은 것이다. 계약날까지 서 씨와 이 씨는 직접 만난 적이 없다. 오직 김 팀장을 통해서만 정보를 얻었다.

"알바생들은 매장 파는 거 모르니까 찾아가서 얘기하시고 그러시면 안 돼요. 사고 싶어 하는 것 티 내면 권리금 조정도 어려워요."

김 팀장의 말에 이 씨는 남은 재료나 매출, 직원 정보 등에 대해 아무것도 묻지 못했다.

그렇게 이 씨는 지난해 12월 15일 번갯불에 콩 볶듯 가게를 인수하고 '사장님'이 됐다. 하지만 문을 열 수가 없었다. 풀오토 방식으로 일하던 직원들이 사장이 직접 운영한다고 하자 그만두겠다고 했다. 김 팀장은 직원들도 이어받아 운영할 수 있을 거라고 했지만, 말뿐이고 책임지지 않았다. 재료도 그대로 넘겨받는 조건이었지만 전 주인이 굿바이 세일을 하면서 남은 게 별로 없었다. 이미 계약은 이뤄진 뒤였다. 급한 대로 300만 원어치를 주문했다. 여기에 인터넷과 CCTV, 포스판매정보관리시스템 등 50만 원이 넘는 고정비용까지 옥죄어왔다.

이 씨는 드디어 1월 말 가게를 열었지만 현실은 냉혹했다. 풀오토로 월 300만 원대 매출이 나오기 때문에 직접 운영하면 500만 원대까지도 가능하다고 했지만, 실제로는 아니었다.

"왜 장사를 시작했는지 모르겠어요. 주말도 안 쉬고 하루종일 일해도 인건비조차 안 나와요. 임차료를 비롯한 비용으로만 월 900만 원이 들거든요."

이 씨의 지금 목표는 월 100만 원을 남기는 것인데, 그마저 쉽지 않을 것 같다. 잠이 오지 않았다. 그때부터 최저임금 관련 뉴스가 눈에 들어오고 "네일숍 직원이 사장보다 더 많이 번다더라"는 우스갯소리에 분노하기 시작했다. 어디다 화를 내야 할지 모르는 상황에서 최저임금이 이 씨 분노의 타깃이 됐다.

권리금 2천만 원의 절반을 수수료로 낸 전 주인 서 씨는 오히려 김 팀장에게 고마워했다.

"어떻게 해도 안 나가던 매장을 팔아주니까 마지막엔 고맙더라고요. 본전 생각하면 속상하지만 권리금도 좀 챙겨줬고. 그냥 폐업했으면 철거비용까지 물어야 했을 텐데…"

이 씨는 한 번 항의한 뒤로는 연락도 없는 컨설턴트가 야속하지만, 휴대폰 번호를 지우진 못했다. 지금은 아니지만 언젠가 팔고 나가려면 그의 도움을 받아야 한다. 컨설턴트는 "이 자리는 무조건 권리금을 받을 수 있는 자리"라고 했다. 하지만 이 씨도 겨울방학의 저주를 피해갈 수 없었다. 위약금이 면제되는 계약기간만 겨우 채운 채 결국 폐업해야 했고, 들어올 사람을 구하지 못해 권리금은 단 한푼도 받지 못했다.

권리금으로 손해를 메워야 하는 자영업자들. 창업컨설팅업체는 그 욕망을 정확히 파고들어 오늘도 호황을 누린다. 가해와 피해의 경계가 모호한 '권리금 폭탄 돌리기', 그 개와 늑대의 시간에서 김 팀장은 연봉 1억 원을 목표로 산다.

'창업컨설턴트'는 어떤 사람들일까?

"이 일은 누가 잘할지 알 수 없어요. 학벌이 좋다고, 영업경험이 많다고 무조건 잘한다는 보장도 없어요."

잠입 취재했던 창업컨설팅업체 대표는 '묻지도 따지지도 않고' 직원을 뽑는 이유를 이렇게 설명했다. 아무런 경력도 없는 기자가 하루아침에 창업컨설턴트가, 그것도 수습과정도 거치지 않고 곧바로 과장이 될 수 있었던 이유다.

창업컨설턴트들이 사무실에서 전화로 매물을 구하고 있는 모습

2년 이상은 '과장', 경력이 쌓이면 '팀장님'이 될 수 있는 조건이 된다. 팀장이 되면 '개인사업자'로 등록해 세금과 광고비를 지출하는 등 책임이 커지는 반면, 계약실적에 따라 더 많은 돈을 벌어갈 수 있는 구조다. 전체 수수료에서 33퍼센트를 회사에 낸 뒤, 나머지의 70퍼센트를 팀장이, 30퍼센트를 담당 컨설턴트가 가져간다. 수수료 1천만 원으로 계약을 성사시켰을 경우, 담당 컨설턴트는 '더블계약'이 아니라면 겨우 100만 원 정도를 손에 쥐게 된다.

4년차인데 아직 '부팀장' 역할을 하고 있는 선임은 경력이 2년을 넘긴 지 오래지만 팀장 심사를 받지 않고 있다. 팀장이 되면 계약을 따내지 못해 버는 돈이 없더라도 매달 광고비를 지출해야 하고, 팀원들의 식사비용 등도 챙겨야 하는 탓에 부담이 커서다. 하지만 계약을 딴 만큼 챙겨가는 비율이 크기 때문에, 기혼 남성들은 팀장 승진을 선호하는 경우가 많다.

계약 건당 회사에 33퍼센트라는 높은 비율의 수수료를 내지만, 회사 프로그램을 활용할 수 있고 공간을 활용하는 것 외에는 특별히 '노동자'로서 보장받을 수 있는 권리는 없다. 입사하면 '프리랜서 위촉계약서'로 계약하는데 노동자로의 권리는 전혀 요구하지 못하도록 하고 있다.

제2조('을'의 신분)

① '을'은 독립사업자로서 본 계약에 의하여 '갑'으로부터 위탁받은 업무를 수행한다.
② '갑'과 '을' 사이에는 고용 및 근로관계가 성립하지 않으며, 근로기준법상 회사의 근로자에게 적용되는 취업규칙 및 제반 규정은 적용하지 아니한다.

제16조(광고의 책임)

② 고객을 유치하기 위한 광고는 '갑'과 '을'의 책임하에 이루어지며, 만일 '을'이 불법광고 즉 허위광고 또는 공인중개사법 시행령에 위배되는 광고를 게재하여 문제 또는 벌금이 부과될 경우 '을'이 전적으로 책임지기로 한다.

제17조(중개대상물을 취급하는 중개행위 관련 업무 금지)

③ '갑'과 '을'은 공인중개사법을 위반하여서는 안 되며, 관련 업무 또한 진행할 수 없다. 만일 공인중개사법에 의한 업무를 하여 문제가 발생할 경우 그 책임은 '을'이 지기로 하며, '갑'의 피해가 발생할 경우 이 또한 '을'이 배상하여야 한다.

第18조(책임)

① '갑'은 '을'에게 업무 중 어떠한 사고가 발생하더라도 책임을 지지 않으며, '을'은 '갑'에게 어떠한 사유로도 책임을 물을 수 없다.

–○○○컨설팅업체 계약서

발생하는 법적 책임도 확실하게 '을'인 창업컨설턴트가 지도록 설정되어 있다. 홈페이지 광고의 경우 허위 매물을 올리도록 교육해 놓고, 문제가 생기면 이 역시 '을'이 전적으로 책임져야 한다는 내용이다. '공인중개사법 위반' 역시 업태 자체가 위법 사각지대에 놓여 있는 상황에서 책임은 '을'이 모두 지도록 되어 있다.

하나부터 열까지 모두 '을'에게만 책임을 지우는 터무니없이 불리한 계약서다. 하지만 계약서 내용도 제대로 읽어보지 않고 대뜸 고액의 수수료에 넘어가 일부터 시작하는 경우가 대다수였다. 고등학교를 졸업한 뒤 대부업체에서 일해본 경험이 있다는 박세찬가명, 21세 씨는 창업컨설팅업체를 '천국'이라고 불렀다.

"대부업체는 자기가 맡은 돈을 제때 찾아오지 못하면 월급에서 돈을 떼어가기도 해요. 이곳은 내가 번 돈을 떼어가지는 않으니 인간적인 것 같아요."

계약서 내용에 대해서는 "돈만 주면 그런 건 중요하지 않다. 사고만 내지 않으면 되지 않나"라며 대수롭지 않게 받아들였다.

이런 구조에서 실제로 법적 분쟁이 벌어질 경우에는 책임을 '양

창업컨설팅업체 사무실. 벽 곳곳에는 빨간 글씨로 "진짜 돈을 벌고 싶다면 통화를 하라!"고 적혀 있다.

도인'에게 떠넘긴다. 회사에 금전적 피해가 발생하면 이를 창업컨설턴트가 물어내야 해서다. 창업컨설턴트는 '자신이 살기 위해' 양도인에게 매출 등의 책임을 떠넘기고, 자신은 내용을 전혀 몰랐다고 주장하는 것이다.

한 전직 창업컨설턴트는 "창업컨설턴트가 배상하는 상황을 모면하기 위해 매장을 판매한 주인에게 모든 책임을 떠넘긴다"고 귀띔했다. '양도인 매출 책임제 매출로 인한 문제가 생길 시 양도인이 책임지도록 하는 장치'를 계약서 단계에서부터 명시한다. 창업컨설팅업체나 컨설턴트에게는 책임을 묻지 못하도록 해둔 장치다.

위장 취업 당시 함께 입사한 동기들은 크게 두 부류였다. 먼저, 자책감에 시달리는 유형. 가게를 열 돈을 모으기 위해 창업컨설턴트를 택했다는 이하나 가명, 33세 씨는 "사기꾼이 되지 않으면 살아남을 수 없는 회사라 자꾸 작아지는 느낌이다"라며, "부모님이 자영업을 하시는데 이런 식으로 당했다는 생각이 들면 분해서 참을 수가 없다가도, 일단 돈을 한푼이라도 벌고 나가야 하니까 같은 짓을 하고 있다"고 괴로워했다. 이 씨는 입사 10일 만에 퇴사했다.

반면 높은 수수료에서 가능성을 찾는 직원도 있었다. 영업 일만 7년 넘게 해왔다는 조인수가명, 35세 씨는 "창업컨설팅은 영업 중에서 가장 수수료가 센 직군"이라며, "정수기, 자동차 판매 등 영업 쪽에서는 안 해본 일이 없는데 수수료로만 따지면 비교가 안 될 정도"라고 했다. 그는 오늘도 억대 연봉을 향한 강한 열정을 불태우고 있다.

3
내부자가 증언하는 '창업컨설팅'

탈세의 온상

"어차피 권리금은 현금 장사니까 이중장부를 만들고, 여자친구나 가족 명의의 통장을 사용하라는 지시를 받았어요. 저는 바지사장

한 전직 창업컨설팅업체 대표가 자신은 '바지사장'이었다고 고백했다. 자료: 한겨레

이었습니다."

국내 최대 창업컨설팅업체인 ㅌ사의 관계회사였던 ㄱ사에서 2010년부터 3년가량 대표이사를 지냈던 최상학가명 씨는 자신이 '바지사장'이었다고 말했다. 최 전 대표는 김 아무개 이사장이 ㅌ사와, ㄱ사의 후신인 ㅈ사, 또 다른 ㅌ사 등 창업컨설팅업체들의 실소유주라고 주장했다.

ㄱ사의 모회사에 해당하는 ㅌ사는 기자가 잠입취재했던 창업컨설팅업체였다. 기자가 근무할 당시에도 매주 회의를 주재하고, 팀장 보고를 받았던 이는 대표가 아닌 김 이사장이었다. 신입사원 교육 역시 김 이사장이 직접 했다. 회사에 이사장이라는 직책은 없었지만 직원들은 그를 그렇게 불렀다.

최 전 대표는 "ㅌ사의 전신인 회사에서 팀장으로 3년 넘게 일했는데 일을 잘하는 편이어서 대표를 시켜주겠다고 했다"며 "영업 쪽만 맡으면 된다고 했고, 회계와 예산, 계약은 모두 김 이사장이 맡아 관여조차 할 수 없었다"고 말했다. 김 이사장은 ㄱ사에서 공식 직함이 없었지만, 매달 900여 만 원의 현금을 월급처럼 가져갔다.

최 씨가 대표로 있던 ㄱ사는 김 이사장과 그의 관계가 틀어지면서 2013년 7월 폐업했고, ㅈ사로 이름을 바꿔 지금까지 영업을 계속하고 있다. 최 전 대표는 ㄱ사의 시스템을 그대로 이어받은 ㅈ사를 설립하는 데 방해를 하지 않는다는 합의서를 김 이사장에게 써줬다고 밝혔다.

그런데 폐업한 지 석달이 지나 ㄱ사에 대한 세무조사가 시작됐다. 최 씨는 "내가 근무하는 동안 세무서에서 조사를 나온 적이 한 번도 없었는데 갑자기 폐업 이후에 조사가 시작돼 이상했다"며, "평소 김 이사장은 세무와 관련해 책임을 지지 않으려고 비싼 세무사를 고용하고, 바지사장을 세워놓는 등 철저히 준비했다"고 말했다. 세무조사 결과 결국 탈세가 드러났고, 모든 책임을 최 씨가 졌다. 15억 원의 현금 매출을 신고하지 않은 혐의로 징역 6개월에 집행유예 2년을 선고받았다. 신용불량자가 된 것은 물론이고, 출국금지 명령까지 내려졌다. 그는 돈도 가족도 송두리째 잃었다.

최 전 대표는 이들 회사에서 탈세가 조직적으로 이뤄졌다고 강조했다. 현금 거래가 60퍼센트가 넘는 창업컨설팅업계의 특성상 이중장부를 만들어 관리했다는 것이다. 세무서 신고용 장부를 별도로 만들었다고 했다.

"당시 30여 명의 팀장이 개인사업자였지만, 회계팀에서 통장과 도장을 일괄 관리했다. 신용 등의 문제로 개인사업자 등록을 할 수 없는 팀장은 다른 팀 이름으로 세금계산서를 발행했다."

김 이사장이 고용한 회계 담당 직원 역시 경찰과 국세청 조사에서 이런 관리방식을 모두 인정했다. 최 전 대표는 "수수료가 1,500만 원 이하인 경우에는 세금신고를 하지 말라는 이사장의 구체적인 지시가 있었다"며, "세금신고를 하지 않는 경우 가족이나 여자친구 명의의 통장을 이용하라는 매뉴얼까지 줬다"고 말했다.

권리금의 특성상 양도인도 세금신고를 원하지 않는데다, 양수인의 경우 그 대가로 권리금을 할인받는 식으로 합의가 쉬운 구조다.

최 씨는 "세금신고를 하지 않은 돈을 금고에 보관해놓고, 회계 담당 여직원을 통해 김 이사장이 수시로 꺼내갔다"고 폭로했다.

최 전 대표는 〈한겨레〉 보도 뒤 이들 업체가 홈페이지를 닫고 사실상 영업을 중단한 데 대해, 기존 회사를 폐업하고 새로운 회사를 만드는 수순을 밟고 있는 것이라고 추정했다. 그는 "김 이사장이 만든 창업컨설팅업체만 지금까지 8개나 된다"며, "세금 등 문제가 생길 것 같으면 회사 문을 닫고 새롭게 만드는 방식으로 사업을 지속하고 있다"고 말했다. 또 최근에는 "세금 처리 안 한 자료들을 증거 인멸하고 있다는 이야기도 들었다"고 덧붙였다.

업계에서 김 이사장은 창업컨설팅계의 큰손이라고 불린다. ㅈ사의 한 컨설턴트는 "이런 사업방식 자체를 처음 개발해 회사를 키워온 사람이 바로 김 이사장이라고 보면 된다. 경쟁사도 여기서 방식을 배워 똑같이 일하는 곳이 대부분"이라고 털어놨다.

이에 대해 ㅌ사 대표는 "김 이사장은 경영에서 물러난 지 오래됐다. ㅌ사와 ㅈ사는 뿌리가 같은 회사는 맞지만 별도 법인"이라고 선을 그었다. 김 이사장에게 이 점에 관해 물어보려 하자 "지금 국외에 있어서 대답하기 어렵다. 2주 뒤에 직접 만나서 해명하겠다"고 했지만 이후 연락이 닿지 않았다.

법률적으로 주주가 지분에 따른 배당금 이외에 회삿돈을 가져가는 것 자체가 업무상 횡령 소지가 있다. 아무리 합의서를 썼다고 하더라도, 법인 돈을 한 달에 900만 원씩이나 가져갈 근거가 없는 것이다. 회사를 여럿으로 나누는 것은 법적 책임을 피하기 위함으로 보인다. 한 회사가 커지면 세금문제 등에서 집중 타깃이 되기 쉽고, 세금도 늘어나기 때문에 회사를 나눌수록 유리해서다. 한 회사가 망하더라도 계속 이어갈 수 있다는 이점도 있다.

최 씨도 처음에는 창업컨설턴트로 업계 일을 시작했다. 그리고 점점 팀장, 이사 등으로 승진해 '대표' 자리까지 올랐다. 최 씨는 자신의 젊음을 창업컨설팅에 바쳤다. 그러나 철저히 '바지사장'으로 이용당하고 모든 법적 책임을 진 뒤 버려졌다. 법망에서 빠져나간 김 이사장은 철저한 계산에 따라 위험을 분산하며 지금 이 순간에도 사업을 계속하고 있다.

프랜차이즈업체는 책임이 없을까?

서울의 한 대학가에 낸 커피전문점이 잘되기 시작하자마자, 창업자인 김승희가명 씨에게 창업컨설턴트들의 연락이 빗발쳤다.

"우리가 알아서 100개, 아니 1,000개까지도 늘려줄게요."

프랜차이즈까지는 꿈꿔보지도 않았는데, 창업컨설턴트가 매일같이 가게를 드나들었다. 시스템은 알아서 만들어줄 테니 가만히 앉아서 지금 버는 돈의 100배, 1,000배를 벌어가라고 했다.

김 사장은 결국 유혹에 못 이겨 창업컨설팅업체와 계약을 했다. 매장을 한 개 오픈할 때마다 1천만 원의 수수료를 받는 조건이라고 했다. 매장 하나에 1천만 원이나 가져간다는 사실에 놀란 김 사장은 단호하게 "그렇게 할 수 없다"고 말했다. 하지만 창업컨설팅업체에서는 "그 돈은 사장님 주머니에서 나가는 게 아니고, 창업자들이 더 많이 내고, 그중에 1천만 원을 가져가는 것이다. 사장님은 손해 볼 게 하나도 없다"며 설득했다. 창업자가 1천만 원을 더 많이 내는 것 역시 말도 안 된다고 생각했지만, "그 이상 매출을 보장해주면 서로 윈윈 아니냐"며 "업계 관행이다. 1천만 원이 최소 마진"이라고 했다.

프랜차이즈 창업을 위해서는 본사에 인테리어비는 물론 로열티, 교육비, 홍보비 등 각종 부가비용을 지불해야 한다. 이 금액 중 일부가 창업자 모르게 컨설팅업체로 넘어간다. 창업과정에서 이렇게 목돈을 챙기고도 정작 창업컨설팅업체들은 계약 이후 운영과정에서는 책임을 지지 않는다. 김 사장은 "주택 거래를 하는 부동산은 중개를 하면 공제증서를 받도록 해 계약에 문제가 생길 때 책임을 진다. 그런데 창업컨설팅은 많은 수수료를 받지만 계약까지만 관여할 뿐, 이후 문제가 생겨도 아무런 책임을 지지 않는다. 그 피해는 결국 가맹점주가 감당하는 구조"라고 설명했다.

실제 컨설팅업체 양수 계약서에는 "본 계약은 양수인의 자유로운 의사결정에 의해 계약을 체결하므로, 추후 매출 및 점포 운영에 관한 사항에 대해 창업컨설팅회사에 민·형사상 이의를 제기하지 않는다"는 조항이 기재돼 있다.

김 사장은 가맹점을 다섯 개까지 늘린 뒤 창업컨설팅업체에 더 이상 일을 같이 못하겠다고 선언했다. 인테리어 비용을 부풀려 1천만 원을 뜯어가 놓고, 가맹점주로부터 계약 건마다 300만~500만 원의 수수료를 이중으로 챙긴다는 사실을 뒤늦게 알아서다. 김 사장은 "이름은 창업컨설팅업체인데, 창업비용을 부풀려 위험만 높이는 역할을 하고 있다"고 비판했다. 이에 창업컨설팅업체는 "창업자한테 받는 수수료는 별개니 간섭하지 말라"고 오히려 큰소리쳤다. "혼자서 얼마나 확장하는지 두고 보자"는 반협박까지 들었다.

프랜차이즈업체 임원을 사칭하고 다니거나, 대놓고 임원 자리를 요구하는 일까지 있었다. 허락해준 적도 없는데, 창업컨설팅업체 측에서 프랜차이즈업체의 '외부협력부 팀장'이라는 직함이 버젓이 적힌 명함을 나눠주고 다녔다. 이제 막 프랜차이즈 가맹사업을 시작한 회사에 외부협력부라는 것은 존재하지도 않았다. 이에 항의하자 "고객유입을 원활하게 하기 위한 조치"라며 오히려 감사하게 생각하라고 했다. 그러더니 "다른 프랜차이즈업체에서는 임원 자리를 하나 내주기도 한다. 심지어 공동대표를 하자고도 한다"며 대놓고 자리를 요구하는 뻔뻔함까지 보였다.

하지만 창업컨설팅업체에서 일하는 전하나가명 팀장은 "초반에는 점포개발팀이 따로 없는 처지라 아쉬운 마음에 고액의 수수료를 감수하고 창업컨설팅업체를 잘 활용하지만, 점차 수수료가 아까워지면 사이가 틀어진다"고 말했다. 프랜차이즈업체 역시 공범이라는 얘기다.

또 다른 창업컨설팅업체 이사도 "초반엔 달라는 대로 줄 테니 확장만 시켜달라고 사정사정하지만, 본사가 좀 커지면 수수료를 혼자 다 먹기 위해 우리부터 나가라고 한다. 본사에서 뜯어가는 수수료가 우리가 가져가는 것보다 더 많다"고 비판했다. 무엇보다 확실한 건 창업컨설팅업체와 이를 활용하는 신규 프랜차이즈는 서로 창업자의 돈으로 공생하고 있었다는 점이다.

'창업컨설팅 대표의 항변'에 대한 반박

"소고기를 2만 원 이상 내고는 절대 못 사 먹겠다는 사람도 있고, 10만 원이어도 맛만 있으면 먹겠다는 사람도 있다. 누구나 기준이 다를 수 있기 때문에 몇 명은 문제제기를 할 수 있다고 생각한다. 하지만 정말 좋은 물건을 1억~2억 원 싸게 잡을 수 있다면, 2천만~3천만 원 더 주겠다고 본인 스스로 말하는 사람도 있다. 3천만 원을 더 써서 더 좋은 매장을 얻으면 합리적이라고 생각하는 사람도 있다는 것이다. 이것이 바로 시장에서 합리적으로 가격을 정하는 방식이라고 볼 수 있다."

업계 1위 창업컨설팅업체 대표는 〈한겨레〉 탐사보도 '자영업 약탈자들' 보도가 나가자 이렇게 항변했다. 그는 "우리도 손님을 고발하고 싶은 심정이다. 우리가 협박해서 창업을 한 것이 아니지 않느냐"며 부당함을 호소하기도 했다. 창업컨설팅은 '사람들의 의견을 조율해서 가격을 정하는 방식'인데, 허위 매물이나 프랜차이즈 갈아오기로 '고액의 수수료를 챙긴다는 지적은 동의할 수 없다'는 주장이다.

그는 "업계의 특성을 잘 몰라서 하는 얘기"라며 매물 허위광고, 고액 수수료 수수, 프랜차이즈 유도, 깜깜이 계약 등 창업컨설팅 과정에서 벌어지는 모든 일들이 "가게의 가치를 바라보는 기준이 사람마다 달라 흥정을 통해 가격을 만드는 문제일 뿐"이라고 강조했다.

계약 당사자끼리 고액의 수수료가 붙은 권리금에 합의했다면 무슨 문제냐는 반론이다. 하지만 창업컨설팅의 농간이 십수 년간 이어지며 초기 창업비용이 기하급수적으로 높아졌다. 창업컨설팅업체들은 수수료가 1,500만 원 이하로 나오는 점포는 취급조차 하지 않으려고 한다. 그들이 계약 한 건당 창업자들로부터 받아가는 돈은 기본 2천만 원에서 1억 원에 이른다. 이런 구조에서 한국 사회의 자영업은 이미 시작하면서 큰돈을 잃고, 그 돈을 만회하기 위해 허우적거리는 '게임'이 되어버렸다.

더 큰 문제는 창업컨설팅 업태 자체가 사기라는 기반 위에 있다는 데 있다. 업체들은 거짓 손님을 내세워 권리금을 낮추고, 매출과 순익을 부풀려 매매를 중개한다. 양도인과 양수인이 서로 만나지 못하도록 하는 일명 '깜깜이 계약'을 유도하기 때문에 중간에서 장난을 칠 수 있는 것이다. 무자격으로 점포 매매를 중개하는 것은 공인중개사법 위반이다. 또한 현금 거래가 주를 이루는 권리금 시장에서 제대로 소득신고를 하지 않아 탈세가 관행화된 구조다. 보도 뒤 잇따라 누리집을 폐쇄한 창업사이트 역시 '허위 매물'로 처벌이 가능하다.

무엇보다 가장 악질적인 것은 자영업자가 창업컨설팅업체의 농간에 빠져 스스로 다른 자영업자의 가해자가 되는 구조다. 장사가 잘되지 않는 가게를 처분하려고 하는 자영업자들에게 그들은 '권리금 장사'를 부추긴다. 장사가 잘되지 않는 매장을 권리금에 고액 수수료까지 붙여 파는 순간, 양도인도 가해자가 된다.

한편으로 창업컨설팅업체는 양도인에게 '공범'임을 주지시키며 철저한 입단속을 한다. 그리고 머지않아 양수인이었던 자영업자는 곧 양도인이 된다. 그렇게 한국 사회의 많은 사람들이 건물주와 프랜차이즈 본사에 노동의 대가를 상납하는 '현대판 소작농'이 되는 동시에, 자영업 시장에 진입할 다음 사람을 대상으로 잠재적 사기를 준비하는 이중적 존재가 되어가고 있다.

전문가가 이야기하는 '창업컨설팅'

프랜차이즈, 창업컨설팅 사기 소송을 전문으로 하는 법률사무소 '여름' 소속 배선경 변호사. 그는 창업컨설팅업체를 '지구상에서 가장 박멸하고 싶은 대상'으로 칭했다.

진행하는 사건의 80퍼센트 이상이 프랜차이즈나 창업컨설팅 사기 소송인 배선경 변호사법률사무소 여름는 창업컨설팅업체를 "지구상에서 가장 박멸하고 싶은 대상"이라고 격하게 표현했다. 공정거래위원회 등록 가맹거래사로 업계 전문가인 배 변호사에게는 일주일에 다섯 건이 넘는 창업컨설팅 피해 상담이 들어오지만, 실제 소송은 그중에 한 건이나 할까 말까 하다. 세월을 거듭해오면서 창업컨설팅 수법도 진화해, 법적인 책임을 묻는 것이 쉬운 일이 아니어서다.

그는 계약 한 건에 수천만 원의 이득을 얻어가는 고수익 자체가 문제라고 지적한다. 공인중개사들은 상가 매매를 하면 0.9퍼센트의 수수료를 받는데, 창업컨설턴트들은 3퍼센트 이상은 기본이고, 계약 당사자들은 모르는 금액까지 물밑에서 받아 간다. 이 문제가 사라지지 않는 이유는 컨설팅 수수료에 대한 법적 규정 자체가 없기 때문이다. 창업컨설팅의 고액 수수료가 위법이라는 판례조차 없는 상황이다.

배 변호사는 "창업컨설팅업체들이 임대차 계약까지 하는 것은 공인중개사법 위반이다. 하지만 그 과정에서 고액 수수료를 받는 것이 사회 통념에 부합하는지에 대한 법적 판단은 아직 없다. 창업컨설팅업체들은 고액 수수료 문제가 공개되고 판례가 만들어질까 봐 아예 소송에 응하지 않는다"고 강조했다. 이제라도 컨설팅 수수료를 법으로 규정하고, 수수료 이외의 돈을 받는 행위를 금지하는 등 법의 테두리 안으로 들여놓아야 하는 이유이다.

배 변호사가 창업컨설팅업체를 상대로 승소 판결을 이끌어낸 경우도 적지 않다. 매출 조작이 분명한 경우나 명시적으로 수익을 보장했거나, 재계약 여부를 확정적으로 적시한 경우 등이다. 배 변호사는 "말로라도 '순수익 1천만 원' 같은 식으로 확정적으로 말했는데 사실이 아니었다면 사기에 해당할 수 있다. 그런데 증거를 미리 녹음해두는 경우가 정말 별로 없다. 분명 귀로 들었는데 그쪽에서 아니라고 우기면 방법이 없다"며, "매출 조작의 경우 증거가 있어 소송에서 이긴 경우가 있다"고 말했다.

실제로 소송의 승패를 가르는 것이 혹시나 하는 마음에 눌러놓은 '휴대폰 녹음 파일'이 되는 경우도 있다. "재계약은 걱정하지 마세요. 안 할 이유가 없어요"라는 컨설턴트의 한마디로 창업컨설팅업체를 상대로 승소한 자영업자도 있다. 걱정되는 부분은 반드시 재차 묻고 답변을 남겨놔야 한다.

창업컨설팅업체 사이트의 허위 매물 자체도 위법이다. 업체에서 사이트에 걸어놓은 매물들은 대개 실재하지 않는 미끼에 불과하다. 포화 상태에 접어든 자영업 정글에서 이들은 창업 경험이 없는 사람들을 주로 노린다.

포털사이트에 '창업'을 검색하면 '초보·여성·대학생·소자본' 등이 연관검색어로 뜬다. 그리고 업종 불문하고 '총 투자액'과 '월 수익'만 강조한다. "1억7천만 원을 투자하면 월 1,100만 원을 벌 수 있다"거나 "8,500만 원을 투자하면 월 595만 원을 벌 수 있다"는 식으로 현혹한다. 이 숫자에 미혹되는 순간 '사기 회로'에 들어서게 된다.

창업자들은 내심 '저렇게까지 벌 수 있을까' 하고 의심한다. '이렇게 돈 벌기가 쉽다면 왜 다른 사람들은 하지 않을까'라는 생각도 한다. 창업컨설턴트들은 그 미심쩍음을 구체적인 자료로 허문다. '월 매출액, 연간 수익률, 타 점포와의 비교' 등 조작 가능성이 있는 자료들이지만 검증하긴 어렵다. 오히려 "아는 분만 돈을 벌어간다, 인터넷으로 본 점포보다 더 좋은 매장이 방금 나왔다" 등 감언이설이 귀에 꽂힌다. '전문가'라는 타이틀을 활용해, 실제로는 존재하지 않는 '환상의 물건'으로 '프랜차이즈'로 '갈아오는' 것이다.

프랜차이즈는 여러 면에서 초보창업자들을 낚기 좋다. 쉽고 안정적인 운영이 가능하다는 이미지가 있어 욕망을 자극한다. 배선경 변호사는 "창업컨설팅업체의 영업에서 가장 큰 문제는 허위 매물과 미끼 매물로 유인해 높은 수수료를 챙기는 것"이라며, "〈한겨레〉 보도 이후 이들 사이트가 일제히 닫힌 것은 대부분의 프랜차이즈 중심 광고 매물들이 허위이기 때문으로 보인다. 허위 매물에 대한 처벌이 이뤄지고, 고액 수수료 사기에 대한 판례만 만들어지면 이 업태는 사라질 수밖에 없다"고 지적했다.

배 변호사가 소송만 하면 창업컨설팅업체는 "해당 창업컨설팅업체는 이미 폐업을 했다"거나, "확정적으로 수익을 말한 적은 없는데 운영을 잘하지 그랬냐"는 등 책임을 회피하는 발언만 늘어놓기 일쑤다.

배 변호사는 소송을 한 번씩 거칠 때마다 창업컨설팅 계약서의 조항이 하나씩 늘어나는 신기한 경험도 했다. "~~에 관해 주관회사에 민·형사상 책임을 묻지 않는다"는 조항들인데, 매출뿐 아니라 점포 운영, 심지어 모든 사항에 책임을 묻지 못하도록 진화해왔다. 특수상권의 명도소송에도 책임을 창업컨설팅업체에 묻지 못하도록 하고 있다. 문제가 생겼을 경우 책임조차 지지 않는 컨설팅 계약에 수천만 원의 컨설팅 수수료가 필요한 이유는 뭘까.

배 변호사가 직접 가맹거래사 자격증을 따고, 대한가맹거래협회 가맹점피해구제위원회 위원 등으로 활동하며 '창업 전문 변호사'로

'자영업자 살리기'에 나선 데에는 수명이 점차 길어져 갈수록 자영업자가 늘어날 수밖에 없는 환경에서 '자영업자들이 법 없이 살 수 있는 세상'을 꿈꾸기 때문이다. 그녀는 국내뿐 아니라 영국 등에서도 프랜차이즈 자문역을 맡기도 했다.

배 변호사는 "수명이 100세까지 늘어나는 상황에서 언젠가 모두가 자영업자가 될 수 있다. 하지만 정부는 '제로페이'와 같은 반창고 같은 대책만 이야기한다. 정말 자영업자들을 힘들게 하는 문제가 뭔지 노령사회에서 심각하게 고민해봐야 한다"고 말한다. 배 변호사는 창업컨설팅 폐해를 알리는 '창업컨설팅 박멸 캠페인'도 기획하고 있다. "예비창업자를 힘들게 하는 많은 난관들이 있을 수 있지만, 부디 창업컨설팅 사기만은 당하지 않았으면 좋겠어요."

김상훈 창업통 소장은 창업컨설팅업체를 '창업자가 망하기를 바라는 집단'이라고 설명했다. 자영업자가 망해야 돈을 버는 구조이기 때문이다. 이들이 돈을 버는 방법은 오직 '점포거래'를 통해 수수료를 받는 것이다. 이들이 이미 매매에 성공한 점포를 꾸준히 관리하는 이유도 언젠가 또 자신들이 그 점포를 팔게 될 것이라고 생각해서다. 김 소장은 "심하게 말하면 창업자가 망하기를 기다리는 집단이라고 할 수 있다. 창업자에게 장사가 안되는 매장을 팔고, 그래서 장사가 안된다고 항의하면 다시 팔고 좋은 곳을 소개해주겠다고 한다"고 설명했다. 입사하자마자 과장 직함을 주는 창업컨설턴트에 대해서는 "세상 물정 모르는 초보 직원들에게 이른바 창업컨설턴트 과장 명함을 하나 파주고, 창업시장의 사기꾼 집단으로 키워내고 있다"고 지적했다.

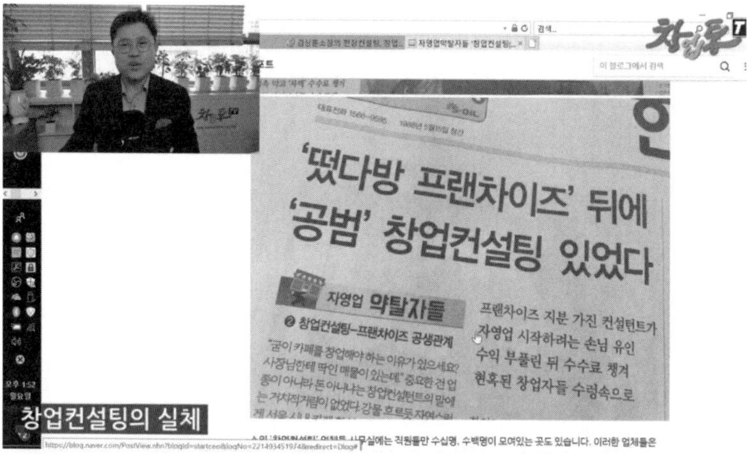

창업통 김상훈 소장. 김 소장이 〈한겨레〉가 보도한 '자영업 약탈자들' 기사를 소개하며, 창업컨설팅업체가 '창업자가 망하기를 바라는 집단'인 이유와 어떤 점을 조심해야 하는지 등을 설명하고 있다. 창업통 유튜브 캡처

20년째 컨설팅업체를 운영해오고 있는 김 소장은 이들 업체 때문에 '창업컨설팅'이라는 단어가 변질돼 그 말조차 사용하지 못하고 있다고 했다. 자영업을 약탈하는 창업컨설팅업체는 '기획형 상가부동산 컨설팅업체'로 부르는 것이 적확하다는 것이다. 이들이 포털사이트 등에서 '창업컨설팅'이나 '창업컨설턴트'를 사칭하며 창업시장을 교란하고 거품을 양산하는 역할을 하고 있어서다. 김 소장은 "상가부동산 중개법인으로 회사를 설립해 기존 창업자들과 신규 창업자들의 점포 매출을 연결해 수수료를 챙기고, 권리금 뒷돈을 챙기는 거간꾼 업체들"이라고 비판했다.

김 소장은 이들 업체를 피하는 방법은 생각보다 간단하다고 조언한다. "업체 홈페이지만 보면 이들을 쉽게 구분할 수 있다. 수많은 프랜차이즈 브랜드 점포 매물로 가득 차 있는데, 무분별한 가맹점 확장을 노리는 기획형 프랜차이즈 본사와 연결돼 있는 것"이라고 강조한다. 전문적인 컨설팅이 아니라 인터넷을 통해 유명 브랜드로 유인하는 것 자체를 피해야 한다는 얘기다.

특히 김 소장은 이들 업체가 추천하는 '신규 프랜차이즈업체'는 피해야 한다고 지적한다. 단기간에 가맹점 수만 늘리고 빠지는 기획형 프랜차이즈이기 때문이다. 대만 카스테라와 벌집 아이스크림, 커피번 등 금방 열풍이 불었다 사라진 아이템을 떠올리면 된다. 김 소장은 "한 신규 프랜차이즈에 15개의 창업컨설팅업체가 연관되어 있기도 하다. 이런 경우 직영점 하나도 제대로 성공시키지 못한 채 가맹점 확장에만 혈안이 된다"고 말했다.

창업컨설턴트의 입장에서는 오히려 매장이 빨리 망하면 망할수록 좋다. 다른 프랜차이즈 사업으로 다시 소개해주면 그만이어서다. 창업컨설턴트는 "갈빗집을 2년 정도 해서 어느 정도 돈을 버시고 나면, 저희가 다른 프랜차이즈로 갈아탈 거니까 그때 또 매장 열어드릴게요"라며 대놓고 기획형 프랜차이즈업체임을 자인하며 영업을 하기도 한다.

이들의 먹잇감이 되지 않기 위해서는 예비창업자도 반드시 공부를 할 필요가 있다. 김 소장에게 찾아오는 예비창업자들 역시 다짜고짜 이렇게 묻는 경우가 많다.

"요즘 뜨는 창업 아이템이 뭐예요?"

"뜨는 브랜드 하나만 소개해주세요."

대박 날 아이템을 하나 찍어주면 투자하겠다는 식의 태도다. 자신에게 어떤 아이템이 맞는지, 창업하고 싶은 브랜드의 수명은 어떻게 되는지 공부하지 않고 쉬운 길만 택하려고 하는 것이다.

"취업하기 위해서는 공부를 하고 시험 준비도 하는데, 왜 창업은 그냥 뛰어드는지 모르겠어요. 준비 없이는 망할 수밖에 없는데 말이죠."

김 소장은 예비창업자가 1년 이상은 공부한 뒤 창업해야 한다고 조언한다. 정부의 다양한 예비 창업교육 프로그램이 필요한 이유도 여기에 있다. 이들이 창업에 대해서 직접 공부하고 판단해 결정한다면, 창업컨설턴트의 달콤한 말에 허무하게 속아 퇴직금 전부를, 전 재산을 날리는 일만은 막을 수 있지 않을까.

Tip

"알아서 팔아드릴게요" 달콤한 말에 넘어갔다 손해배상?

창업컨설팅업체는 매장을 판매하고 난 뒤에도 철저한 고객관리에 들어간다. 컨설턴트의 꼬임에 넘어가 비싼 가격에 '장사 안 되는' 가게를 얻은 자영업자들이 인수 이후에도 업체와의 연을 못 놓는 경우는 쉽게 찾아볼 수 있다. 이유는 분명했다. "장사가 안 되면 바로 팔아드릴게요"라는 말 때문이다.

지역 부동산업체에 내놓은 지 오래지만 가게를 보러 오는 사람조차 없는 상황에서, 마지막 희망으로 이 장사 안 되는 매장을 창업컨설턴트라면 팔아줄 거라는 믿음을 버릴 수 없는 것이다.

"나쁜 건 알지만 나도 언젠가 다시 팔아야 하잖아요." 취재 당시에도 이런 말을 하며 창업컨설팅을 고발하는 취재에 응해줄 수 없다는 취재원도 많았다.

이렇게 사후관리까지 철저한 창업컨설팅업체가 '알아서' 팔아준다고 하더라도, 책임은 본인이 져야 한다는 사실을 잊어선 안 된다. 책임은 판매한 점주가 '알아서 져야' 하는 경우가 대부분이다.

사내 매뉴얼_사후관리는 또 다른 고객으로 이어진다

1. 오픈할 때 작은 화환이라도 보내주는 성의를 보이고, 개업 후에도 지속해서 연락을 주고받으면, 양수인이 이후 다시 양도를 부탁할 수도 있으며 주변 지인 소개로 이어질 수 있음을 기억하자.
2. 컨설팅 수수료가 높은 큰 계약의 경우, 양수인 인수 후 일주일 안에 전화를 걸어 매매가 된 상황을 모르는 척, 양수인 인수가보다 높은 금액으로 매매를 진행할 의사가 있는지를 타진하는 것이 좋다. 이렇게 하면 양수인 본인이 비싼 금액으로 인수했다고 생각하는 것을 사전에 예방할 수 있다.

※ 예: 양수인이 1억6천만 원에 매장을 인수한 경우, "어, 사장님 바뀌셨어요? 그럼 예전에 저희가 2억 원에 구입자들에게 소개해드렸는데, 그 정도 선에서 다시 매매하실 생각은 없으신가요?"라고 묻는다.

–○○○컨설팅업체 자료

창업컨설팅업체는 '양도인 매출 책임제'를 계약서에 명시한다. 매출 등의 문제로 분쟁이 생기면 양도인이 책임지도록 한다는 내용이다. '창업 물건 보고서'상 매출자료에 "매출자료는 매도자가 제시한 매출내역을 근거한 자료입니다"라고 작은 글씨로 기재해 두는데, 이는 창업컨설턴트가 양도인에게 책임을 떠넘기고 빠져나갈 수 있는 장치가 된다.

매출만 거짓으로 입력하지 않으면 괜찮은 게 아니냐고 생각할 수 있는데, 꼭 그렇지도 않다. 창업컨설턴트가 재료비와 인건비 등을 낮춰 총수익을 높인 경우에도 양도인에게 책임을 묻도록 한다. 양도인이 제공한 자료를 바탕으로 계산했다는 이유다. 하지만 재료비와 인건비 등을 조금씩 낮춰 매출을 그대로 두고도 순익을 높이는 것은 창업컨설턴트가 흔히 쓰는 방법이다.

재계약에 문제가 생겨도 마찬가지다. 양도인에게 재계약이 된다고 창업컨설턴트가 확답을 했고, 양수인과는 대화도 해보지 못했으나 재계약이 안 될 때, 창업컨설팅업체가 몰랐다고 발뺌하면, 책임을 물을 사람이 '양도인'밖에 안 남는다. 그때 가서 '알아서 팔아주겠다'고 해서 넘겼을 뿐이라고 항변해도 책임을 모면할 수는 없는 노릇이다. 실제로 본인도 재계약을 본사에서 거부할지 전혀 몰랐음에도 소송 끝에 700만 원을 물어준 경우도 있었다.

사실상 모든 문제가 생기면 창업컨설턴트는 "본 계약은 양수인의 의사결정에 의해 계약을 체결하므로, 추후 매출 및 점포운영에 관한 모든 사항에 관해 ○ ○ ○ 창업컨설팅업체명 및 담당자에게 민 · 형사상 이의를 제기하지 않는다"는 조항으로 빠져나갈 구멍을 마련해둔다.

"알아서 팔아주겠다"는 달콤한 말에 넘어갔다가 법적 책임을 몽땅 뒤집어쓸 수 있다는 점을 명심해야 한다. 그들이 장사가 안 되는 매장을 손쉽게 팔아줄 때는 의심을 거둬선 안 된다.

3장

7가지 유형별 창업컨설팅 피해 사례

1
카페

권리금 1억3천만 원 한푼도 못 받게 된 이 씨

창업컨설팅업체를 통해 3년 계약을 조건으로 서울의 한 카페를 넘겨받은 이미연가명 씨는 영업 10개월 만에 갑작스러운 폐업을 통보받았다. 권리금으로만 1억3천만 원을 투자하고도 한푼도 받지 못하게 됐다. 건물주가 건물 전체를 리모델링한다는 이유였다.

창업컨설턴트는 당연히 3년의 계약기간은 보장된다고 설명했기

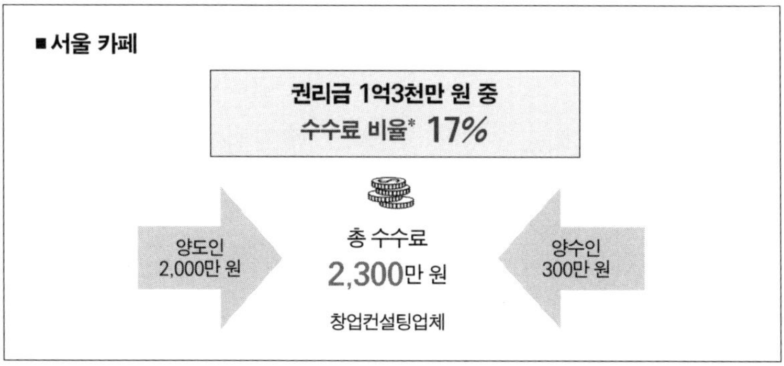

*계약 완료된 매장의 권리금 대비 수수료 비율

때문에, 허무하게 계약이 무산될 줄은 꿈에도 몰랐다. 하지만 건물 리모델링은 상가건물임대차보호법이하 '상가임대차보호법'의 보호를 받을 수도 없는 사안이었다. 전 주인을 찾아가보기도 했지만 "계약할 당시에 전혀 몰랐다"고만 했다. 양도인과 양수인에게 모두 2,300만 원의 수수료를 받은 창업컨설턴트에게 책임을 묻기로 했다. 계약 해지 여부에 대한 고지가 전혀 없었기 때문이다.

하지만 미처 꼼꼼히 살펴보지 못한 계약서에는 계약 이후 발생하는 사안은 창업컨설팅업체에 책임을 묻지 않는다는 내용이 적혀 있었다. 창업컨설턴트는 "전주인이랑 얘기하라"고 회피하다 나중엔 전화조차 받지 않았다.

변호사를 찾아갔지만 "창업컨설팅업체가 자신들은 잘 피해갈 수 있게 계약서를 설계해놨다"는 답변만 돌아왔다. 이 씨는 도무지 이해가 가지 않았다.

"월세집을 계약할 때도 계약이 잘못되면 부동산업자가 책임지도록 되어 있는데, 왜 창업컨설팅업체는 더 많은 돈을 받아가면서도 책임을 지지 않는 것이냐?"라며 항변했지만 책임은 오로지 이 씨의 몫이 됐다.

2017년 말 이 씨는 투잡을 꿈꾸며 카페 창업에 뛰어들었다. 새로운 매장을 개업하는 것보다는 기존에 잘되던 매장을 인수받으면 괜찮지 않을까 하는 생각이 들어 그쪽으로 문의했다.

무엇보다 아직 다니던 직장이 있어 매니저로도 충분히 '풀오토' 운영이 된다는 말에 솔깃했다. 창업컨설턴트는 가게를 수년 동안 운영해오던 매니저와 직원들도 그대로 인계해주는 조건이며, 관리할 것이 전혀 없는 매장이라고 강조했다.

하지만 현실은 전혀 달랐다. 직원 2명을 쓰려니 인건비만 600만 원에 육박했다. 매달 2천만 원이 넘는다던 매출은 겨울이 되니 1천만 원까지 떨어졌다. 재료비에 임대료 빼고 나면 남는 돈은 100만 원이 채 안 될 때도 있었다. 대출까지 한 상황에 오히려 적자만 쌓이는 장사였다. 하지만 잘 운영해야 또 권리금을 받고 팔 수 있기에 이를 악물고 버텼다. 그러던 중 갑자기 건물주로부터 '나가라'는 말을 들은 것이다.

이 씨는 눈앞이 캄캄했다. 권리금 1억3천만 원을 고스란히 날린 데다가 빚까지 떠안아야 했다. 결국 이 씨는 자영업의 꿈을 접고, 빚을 갚기 위해 회사를 열심히 다니고 있다.

2
과일음료 프랜차이즈
–조심, 떴다방 프랜차이즈

"대만 카스테라가 망하는 걸 보고도 이 바닥에 뛰어들다니 내가 진짜 바보예요."

50대 여성인 임정빈가명 씨는 '과일음료 프랜차이즈' 가맹점을 시작한 것을, 1년도 채 이어지지 못했던 '대만 카스테라 열풍'에 비유했다. 친구 남편이 대만 카스테라점을 차렸다 퇴직금을 고스란히 잃은 것을 직접 보고도 '떴다방'에 뛰어들었다는 자책이었다.

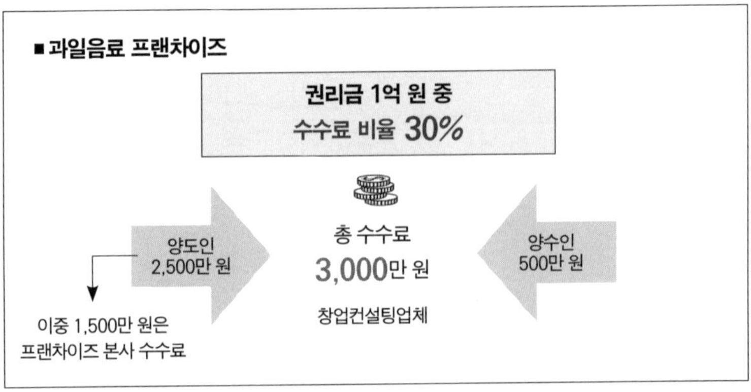

임 씨는 남편과 함께 카페를 운영하면서 노년기를 보내는 게 오랜 꿈이었다. 남편이 먼저 정년퇴직해 1억 원의 퇴직금을 손에 넣게 되면서 카페 창업을 구체적으로 고민하게 됐다. 직장을 다니고 있던 임 씨는 인터넷 검색을 통해 카페를 직접 운영하지 않고도 고소득을 거둘 수 있다는 사실을 알게 되었다.

임 씨는 유명 프랜차이즈 커피전문점 창업을 꿈꿨지만, 창업컨설턴트가 추천한 것은 커피전문점이 아닌 '과일음료 프랜차이즈'였다. 창업컨설턴트인 서수영가명 팀장은 1억 원으로는 유명 프랜차이즈 창업은 어렵다고 단호하게 말했다. 대신 요즘 한참 뜨고 있는 과일음료 전문 프랜차이즈를 추천했다. 생긴 지 얼마 안 된 프랜차이즈이지만, 이미 수백여 개에 달하는 가맹점이 있는 브랜드여서 걱정할 게 없다고 했다. 인근 가맹점의 평균 순이익에 대한 자료를 주며, 매출도 걱정하지 말라고 안심시켰다.

직접 매장운영을 하지 않아도 순이익만 500만 원에 달할 것이라던 임 씨의 장밋빛 환상은 개점 단 두 달 만에 절망으로 바뀌었다. 20년 넘게 다닌 직장도 관두고 직접 장사에 나섰지만 매출은 200만~300만 원대에서 벗어나지 못했다. 그나마도 겨울에는 100만 원대 매출에 그치면서 더 이상 버티기가 힘들 지경이었다. 계절을 많이 타는 업종이었다. 겨울에는 커피를 팔기 때문에 수익에 큰 차이가 없다는 창업컨설턴트의 말은 모두 거짓이었다.

수익에 대해 수차례 항의하자, 서 팀장은 "요즘 뜨는 핫도그 프랜차이즈가 있는데 차라리 그거 하실래요?"라고 했다. 권리금을 다시 내고 다른 장사를 하라는 얘기였다.

실제로 비슷한 시기에 임 씨와 같은 브랜드의 점포를 연 가맹점주 중 두 명은 핫도그 프랜차이즈로 업체를 변경했다.

“두 명은 핫도그 프랜차이즈로 바꾸고, 한 명은 떡볶이 프랜차이즈로 바꿨어요. 다 같은 창업컨설턴트 작품이었죠. 매장이 망해도 그 책임은 오히려 가맹점주만 지는 ‘떴다방 프랜차이즈’는 정말 조심해야 합니다.”

임 씨는 가게고 뭐고 다 포기하고 싶었지만 그럴 수도 없었다. 3천만 원을 넘게 투자한 인테리어 비용을 고스란히 날릴 수 없어서였다. 빚까지 진 상태였다. 장사가 안 되는 매장에 갑자기 손님이 많이 들 리도 없고, 본사에서는 보증금을 포기하고 나가야 한다고 으름장부터 놓았다. 게다가 본사에서 매입해야 하는 물건은 시중보다 질이 떨어져도 더 비쌌다. 몰래 사입을 해가며 버텼지만, 겨울이 다가오자 반 토막 난 매출에 더 이상 버틸 힘조차도 없었다.

결국 임 씨는 창업 1년 만에 개인 카페로 간판을 바꿔 재료 마진 등 프랜차이즈 비용이라도 줄이는 방법을 택했다. 호된 인생 경험을 했다는 임 씨는 신생 프랜차이즈는 정말 조심해야 한다고 강조한다. 가맹점주가 망하면 본사는 그 책임을 하나도 떠안지 않고 가맹점주만 지기 때문이다. 수천만 원의 수수료를 가져간 창업컨설턴트도 나 몰라라 하기는 마찬가지이다. 임 씨는 오늘도 호소한다. “가맹점이 망하면 본사와 가맹점이 최소한 반반씩 책임지는 제도를 마련해야, 이런 떴다방 식 프랜차이즈가 없어지지 않을까요?”

3
독서실
–발품으로 퇴직금을 지킨 김 씨

330만 원. 프랜차이즈 독서실 점주가 된 김동훈가명 씨가 계약 단 6일 만에 날린 돈이다. 계약 닷새가 지나고 나서야 이 계약은 사기였다는 것을 알게 됐기 때문이다. 김 씨는 좌절감에 잠시 우울증을 앓기도 했지만 인생수업료를 낸 셈 치기로 했다.

2018년 1월 창업컨설턴트로부터 서울의 한 독서실을 소개받은 김동훈 씨는 가게를 본 당일에 허겁지겁 계약하게 됐다. 김 씨는 그 당시 자신을 "무언가에 홀린 듯 이성적인 판단을 할 수 없었다"고 표현했다.

김 씨는 심지어 당시에 독서실을 개업하려던 것도 아니었다. 자신이 직접 운영할 수 있는 화장품 가게를 오픈하고 싶었는데 갑자기 독서실업체를 추천받게 됐고, 가게를 보는 순간 마음이 끌렸다. 전 좌석에 모두 불이 들어와 있는 모습에 홀리지 않을 수 없었다. 심지어 양수 대기자 명단까지 있었다.

당시 창업컨설턴트였던 조영식가명 과장은 이미 유효고객 수를 확보해놨기 때문에 더 노력할 것도 없다고 했다. 위치가 집에서 좀 멀긴 하지만, 자동으로 돌아가는 시스템에 아르바이트생만 두면 가게에 출근할 일조차 없다고 했다.

"이런 매장이 권리금 8천만 원에 저렴하게 나왔다는데, 안 끌릴 사람이 어디 있겠습니까."

김 씨가 마음에 들어 한다는 것을 눈치챈 조 과장은 "오늘까지 답을 주지 않으면 대기 손님에게 넘어간다"고 독촉하기 시작했다. "강남에 사시는 분인데 투자 개념으로 여러 독서실을 운영하고 계셔서 한 자리만 더 달라고 난리"라며, 대기자에 대한 프로필을 구체적으로 언급하기도 했다. 그래도 김 씨가 망설이자 "내일부터는 아쉽게도 B급 매장을 소개해드릴 수밖에 없다"며 다른 독서실 조건을 구체적으로 언급하며 압박 강도를 높였다.

이 업계에 대한 정보가 전혀 없었던 김 씨는 그날 밤 10시 무언가에 쫓기듯 계약을 하기로 결심했다. '이렇게 좋은 기회를 그냥 날릴 수 없다. 이런 기회는 다시 안 올 수 있다'는 생각 때문이었다.

김 씨는 계약서에 도장을 찍은 뒤 330만 원을 가계약금으로 넣었다. 이후 아내에게 이야기하자, 아내는 "아무래도 이상하다. 함께 알아보자"고 했다. 그때부터 아내와 주변을 탐문하기 시작했다. 김 씨의 아내는 현명했다. 김 씨의 인수와 동시에 그만둔 아르바이트생을 찾아낸 것이다.

망설이던 아르바이트생은 "비밀은 무덤까지 지켜줄 테니 한 사람 인생을 살려달라"는 호소에 "장사가 잘 안 되는 곳이다. 팔기 직전 소셜커머스를 통해 절반 가격으로 자리를 모두 채웠다"고 말했다.

김 씨는 하늘이 무너지는 것 같았다. 부동산과 인근 학원을 돌며 조사를 해보니, 장사가 안 되기로 유명한 독서실이었다. 지역 부동산에는 진작부터 매물로 나와 있었지만, 1년 넘게 매매가 안 되던 상황이었다. 1시간 이상 걸리는 거리에 살고 있던 김 씨는 지역 사정에 어두워 전혀 알지 못했던 것이다.

창업컨설턴트였던 조 과장에게 항의하자, "우리도 몰랐다"는 무책임한 말만 되풀이했다. 더 어이없는 것은 소셜커머스를 통해서 유효고객이 쌓이면 자연스럽게 재등록으로 이어질 것이라는 말이었다. 향후 매출이 안 나올 경우 어떻게 책임질 것이냐고 묻자 더 좋은 업체를 소개해주겠다고 했다. 무책임함에 더 이상 시간을 끌 것도 없다는 판단이 들었다. 6일 만에 330만 원의 돈을 날릴 것을 생각하니 마음이 아팠지만 다른 방법은 없었다. 장사가 안 되는 것이 뻔한 곳을 인수할 수는 없었다. 김 씨는 인생수업료를 냈다고 생각하기로 하고, 결국 계약을 파기했다. 330만 원은 날렸지만, 남은 퇴직금은 지킬 수 있었다.

그후 김 씨는 아무도 믿을 수 없어 자영업은 시작도 하지 못했다고 했다. "창업컨설턴트와 자영업자의 사기 합작품이었어요. 저 같은 순진한 사람은 퇴직금을 다 갖다주려고 했죠. 이제 아무도 믿을 수가 없어요."

4
요가 프랜차이즈

–유효고객 수의 함정에 빠진 정 씨

회사원 10년차에 접어든 정진국가명 씨는 헬스장 창업을 고민하던 중에 인터넷을 통해 창업컨설턴트를 만났다. 정 씨는 프랜차이즈 헬스장이 관리도 쉽고 회사생활과 병행하기도 좋다고 판단했다.

그런데 창업컨설턴트인 박준무가명 과장이 추천한 것은 생뚱맞게도 '요가 프랜차이즈 매장'이었다. 심지어 남성인 정 씨에게 창업컨설턴트는 여성 전용 요가업체를 권유했다. 박 과장은 정 씨의 걱정을 일축했다.

"어차피 매장에 나오실 일 자체가 거의 없기 때문에 남자 사장님인 건 아무 상관이 없어요. 그냥 알아서 돈이 계좌로 들어오는 매장이니까요."

특히 박 과장은 "저도 서울에서 이 매장을 하고 있어요"라며, 남자인 자신이 매장을 전혀 방문하지 않아도 매달 통장에 돈이 꽂힌다고 강조했다. 직접 계약서를 확인한 것은 아니지만, 실제 창업컨설턴트가 운영하고 있다니 신뢰가 갔다. 그래도 마음에 걸려 "전혀 모르는 업종"이라며 계약을 주저할 때마다 박 과장이 강조한 것은 유효고객 수였다.

"유효고객이 이미 200명이나 있는데 망설일 이유가 없죠. 자동으로 재등록으로 이어지거든요"라고 재차 강조했다.

하지만 실제로 해보니 결코 재등록은 자동적으로 이루어지지 않았다. 심지어 이미 인수 이전에 등록한 수강료를 환불해달라고 하는 일까지 종종 있었다. 정 씨가 항의하자, 창업컨설팅업체에서는 이런 답만 돌아왔다.

"다 감안하고 인수한 것 아니었나요? 이미 고객을 200명 넘게 확보해서 넘겼는데, 몇 명쯤 환불자가 나와도 절대 손해가 아니에요."

오픈 당시 저렴한 가격에 회원등록을 했던 고객들은 높아진 수강료에 부담을 느껴 떠나가기도 했다. '프리세일'이라고 해서, 요가업체가 오픈하기 이전부터 30퍼센트에서 최대 50퍼센트까지 저렴한 가격에 회원을 모았기 때문이다.

그렇다고 언제까지 적자를 보며 수강료를 낮출 수도 없는 노릇이었다. 유효고객은 50명까지 곤두박질쳤다. 이미 유효고객 200명에 맞춘 권리금을 냈는데, 150명분은 어디 가서 보상을 받을 수 있을지 알 수 없었다.

창업컨설팅업체는 다시 항의하는 정 씨에게 이렇게 말했다.

"이대로면 권리금을 반도 받기 힘들어요. 유효고객 200명을 만들어오시든가요."

결국 정 씨는 유효고객 수를 꿰맞춰 되팔기로 결심했다. 소셜커머스에 60퍼센트 할인가를 올리고, 지인들에게도 절반 할인가를 홍보해 회원을 받기 시작했다.

"권리금 원금이라도 찾으려면 저도 유효고객 수 200명을 만들어놔야 했어요. 나 자신도 가해자가 된 느낌이지만, 나도 당했는데 어쩔 수가 없었어요"

정 씨는 "피해자를 또 다른 가해자로 만드는 것이 창업컨설턴트"라고 강조했다. 어렵사리 인터뷰에 응한 정 씨는 업체의 장소나 매매시기 등을 절대 언급하지 말아달라고 신신당부했다. 이런 정 씨는 가해자일까? 피해자일까? 아니면 둘 다일까?

5
배달전문업체
–‘참고용’이란 작은 글씨, 감옥이 된 가게

“그토록 바라던 저희 부부만의 ‘꿈의 매장’이 어쩌다 잠시도 벗어날 수 없는 ‘감옥’이 된 것일까요?”

40대 박준영가명 씨 부부는 인수 단 한 달 만에 가게를 ‘감옥’이라고 부르기 시작했다. 박 씨의 가게는 서울 영등포구의 한 주택가에 있는 배달 전문 삼겹살집이었다. 두 부부가 일하기에도 비좁은 5평도 채 안 되는 규모이다. 박 씨 아내는 하루종일 좁은 네모상자에 갇혀 쫓기듯 일을 끝내고 나면 “토할 것 같이 속이 울렁거린다”고 했다. 박 씨 부부는 장사를 시작하자마자 하루도 가게에서 벗어날 수 없었다.

“풀오토 매장으로 운영해도 순수익 700만 원은 그냥 가져갈 수 있다는 창업컨설턴트의 말을 너무 순진하게 그대로 믿은 탓일까요?”

창업컨설턴트는 부부가 함께 일하면 1천만 원 이상은 그냥 벌어갈 수 있다고 호언장담했다.

하지만 현실은 참혹하다 못해 끔찍했다. 이들 부부 모두 오전 11

시부터 밤 12시까지 하루 꼬박 13시간을 일하고도 500만 원도 채 챙길 수 없었다. 더 이상의 인건비를 쓸 수 없어 하루도 쉬지 못하고 좁디좁은 매장에서 잠시도 벗어날 수 없었다. 그러다 배달이라도 늦으면 배달 앱에 악플이 쇄도하기 때문이다. "배달이 늦다", "대응이 느리다"는 악플은 매출과 곧바로 직결됐다.

주말이 성수기인 만큼 평일에 하루라도 쉬어볼까도 생각했지만, 인근에 배달 경쟁업체가 하루가 다르게 늘어나면서 그조차도 엄두를 내지 못하게 됐다. 박 씨의 아내는 "이게 사람 사는 건지, 지옥인지 모르겠다"는 말을 입에 달고 산다. 주말까지 반납하며 두 부부가 온종일 일을 하는 것에 비하면 버는 돈은 최저임금 수준에도 못 미쳤다.

창업컨설턴트가 상담 당시 제공한 매출자료를 가지고 있어 소송을 걸어볼까 하는 마음에 변호사 상담을 받아보기도 했다. 하지만 예상 매출 등이 나와 있는 창업컨설팅 문건에는 작은 글씨로 "참고용"이라고 기재돼 있었다. 계약 당시에는 눈에 들어오지 않았던 글자였다.

매출자료를 다시 보니 터무니없었다. 전체 매출은 큰 차이가 없었지만, 재료비와 인건비를 30퍼센트 수준으로 턱없이 낮춰 순수익을 터무니없이 올려놓은 말도 안 되는 자료였다. 지금 보니 이런 식의 순수익 계산법은 말도 안 된다는 것을 금방 알겠는데, 그때는 창업컨설턴트의 그럴듯한 계산법을 크게 의심하지 않았다.

변호사는 박 씨 부부에게 "예전 창업컨설팅업체들은 매출을 조작하는 방법을 썼지만, 요즘에는 법을 피해가기 위해 매출은 얼추 맞추면서 순수익을 터무니없이 계산하는 방식으로 교묘하게 속여 소송을 해도 이기기 어려울 수 있다"고 설명했다.

지금 할 수 있는 것은 매장을 다시 내놓는 것밖에는 없다는 판단에 부부는 창업컨설턴트에게 연락했다. 하지만 돌아온 이야기는 "장사가 안 되는 거니까 권리금은 들어올 때보다 훨씬 내리셔야 해요"라는 것이었다.

"운영한 지 고작 7개월이 좀 지났는데, 정말 권리금을 깎아서라도 내놔야 하는 걸까요? 그대로 이어받아서 운영한 것밖에 없는데, 정말 이대로 3천만 원을 날려야 하는 것일까요? 이대로 감옥에 갇혀 조금씩 대출이라도 갚아가는 게 나을까요? 아니면 3천만 원은 버린 셈 치고 탈출해 몸뚱이라도 건지는 게 나을까요?"

부부는 하루에도 생각이 수십 번 왔다갔다한다고 한다. 그들은 손실을 감수하고 '감옥'을 탈출할 수 있을까.

6
피부관리업체
–매출조작에 당한 장 씨

“내가 잘못하고 있는 게 있나요?”

창업컨설팅업체를 통해 프랜차이즈 피부관리샵을 인수한 40대 장성민가명 씨는 개점 두 달이 채 안 되던 시점부터 무언가 잘못되어 가고 있다는 것을 직감했다. 행여 자신 탓일까 전단지로 홍보를 더욱 강화하고, 내부 인테리어를 바꿔보기도 했지만, 매달 수백만 원의 적자를 막을 수가 없었다.

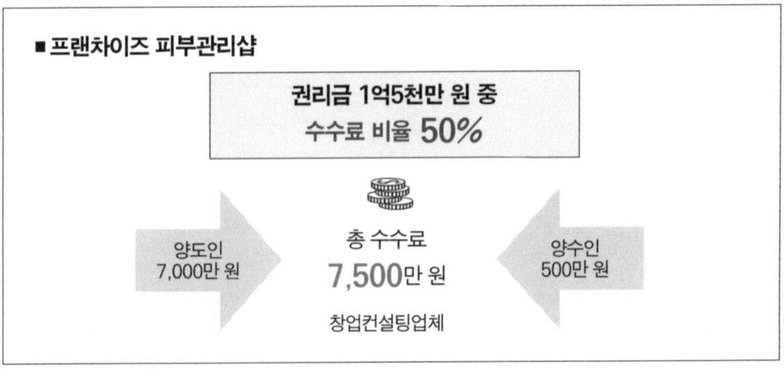

창업컨설팅업체로부터 받았던 매출자료와는 영 딴판이었다. 평균 매출이 2,700만 원에 달해, 들어간 비용을 제해도 순익이 500만 원에서 많게는 1천만 원까지 됐다는 전 주인의 매출자료와 달리, 한 달에만 200만 원가량의 적자에 허덕이며 은행 빚만 늘어났다.

그때마다 장 씨는 처음 해보는 일이라, 자신이 무언가 잘못하고 있는 것이 아니냐고 전부터 일해왔던 직원들에게 물었다. "여기 원래부터 장사 안 됐어요"라는 직원의 한 마디에 장 사장은 형사라도 된 듯 직접 추적에 나섰다. 불길한 예감이 현실인지 확인하기 위해서였다. 과거 매출자료를 모두 지운 전 주인의 흔적을 찾아 매장 컴퓨터를 복구하고, 일일이 고객 차트와 대조했다. 그 결과 2년 동안 무려 1억2천여 만 원의 매출을 부풀린 사실을 확인했다. 매달 500만 원 이상 부풀린 셈이다.

수법은 생각보다 단순했다. 수상한 카드 결제내역이 포착됐다. 시아버지나 지인의 카드 3~4개로 수상한 결제가 이뤄진 사실을 직접 확인했다. 매출이 저조한 상태에서 매장 매매가 어려워지자, 팔릴 날만을 기다리며 2년이 넘게 이같이 치밀하게 매출조작을 해왔던 것이다. 장 씨는 소송까지 감행했지만, 승소 판결을 받는 데까지는 무려 2년여의 시간이 걸렸다. 그동안 빚이 2억 원이 넘게 늘어났고, 건강도 망가졌다.

하지만 더 억울한 것은 1억5천만 원의 권리금 가운데 무려 7천만 원을 수수료로 가져간 '창업컨설턴트'에게는 아무런 책임이 없다는 판결이었다. 다행히 소송에서 이기면서 8천만 원의 권리금은 전

업주로부터 돌려받게 됐지만, 7천만 원을 창업컨설턴트인 김한솔가명 팀장이 가져갔다는 사실 자체도 소송과정에서야 알게 됐다.

터무니없는 매출에 1억5천만 원의 권리금을 내도록 만들고, 거기서 수수료로 절반가량을 떼가는 등 창업컨설팅업체가 가담한 것이 분명하지만, 그들은 "매출조작은 모르는 일"이라고 했다. 그렇게 많은 돈을 가져가고도 김 팀장은 '양도인 매출 책임제'를 언급하며 책임을 회피했다. 실제 매출과 다른 경우 책임을 오직 양도인에게만 묻도록 한 장치였다.

오히려 김 팀장은 "장사가 안 된다고 하니 더 좋은 매장을 소개해주겠다"면서 네일숍을 연결해준 뒤, 2천만 원이 넘는 수수료를 다시 떼가기도 했다. 창업컨설턴트라는 이름마저 무색하게 하는 행동이었다. 자신이 계약을 진행한 창업자가 망한 상황에서도, 또 다른 매장을 연결해준다면서 수천만 원의 수수료를 또 받아간 것이다. 장씨는 네일숍 운영 역시 오래하지 못하고 가게를 넘겨야만 했다.

김 팀장이 망설이는 예비창업자들에게 하는 단골 멘트는 "창업 너무 걱정 마세요. 잘 안 되시면 더 좋은 업체를 바로 소개해드릴게요"이다. 오늘도 김 팀장은 예상 매출 등이 적힌 '창업물건 보고서'에 "본 보고서의 내용은 컨설팅 참고용 자료로서 사실과 다를 수 있으므로, 민·형사상의 관련 문서로 사용할 수 없습니다"라는 안전장치를 달아놓고 자영업자들이 망하는 순간만을 기다리고 있다.

7
키즈카페
–사기의 피해자이자 가해자가 된 이 씨

‘키즈카페 놀이시설 500만 원에 급매’

프랜차이즈 키즈카페 가맹점주인 이병규가명 씨는 1년여의 영업 끝에 폐업을 결정했다. 이미 날린 초기비용 3억 원은 고사하고, 마지막으로 놀이시설, 집기비용이나 챙기자는 마음으로 인터넷 중고 사이트에 글을 올렸다.

얼마 안 돼 자신을 창업컨설턴트라고 소개한 김창용가명 팀장에

■ 키즈카페

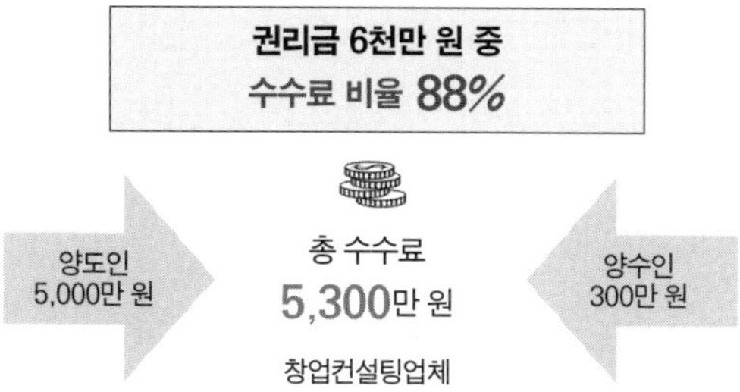

게서 연락이 왔다. 1,500만 원을 받게 해줄 테니 가게를 자신한테 넘기라고 했다. 집기비용 500만 원이나 챙기려 하던 참에, 무려 1천만 원이나 더 주겠다는 말에 솔깃할 수밖에 없었다.

문을 닫지 말고 계속 영업하고 있어야 권리금을 받을 수 있다는 김 팀장 말에 이 씨는 꾸역꾸역 운영을 이어갔다. 놀이시설을 사겠다는 연락도 무시하고, 시키는 대로 게시글도 내렸지만 영업할수록 빚만 쌓여갔다. 금방 구해주겠다던 김 팀장은 인수자를 찾지 못했고, 3개월이 지난 뒤에야 인수자를 겨우 구했다.

대신 찾는 손님이 없다며 김 팀장은 그 사이 권리금을 1천만 원으로 내렸다. 이 씨는 "3개월간 추가 운영하면서 손해본 게 더 크다"고 펄쩍 뛰었지만, "그 가격엔 안 팔린다"는 냉혹한 답만 돌아왔다. 500만 원이 아쉽긴 했지만, 더 손해보기 전에 팔고 싶은 마음이 컸다. 이미 망한 가게를 인수한다고 나선 양수자가 고마우면서도 신기하기도 했다. 김 팀장이 계약서에 도장을 찍는 순간까지 양수자를 직접 만나지 못하게 해서 그쪽 사정은 잘 몰랐다.

거래가 성사되는 날, 권리금 6천만 원으로 가게가 매매된다는 사실을 알게 됐다. 거기서 1천만 원은 이 씨가 받는 돈이고, 나머지 5천만 원은 창업컨설팅업체 수수료였던 것이다. 계약서를 보고서야 거액의 수수료를 알게 된 이 씨가 "이 계약은 못 하겠다"고 하자, 김 팀장의 태도는 돌변했다.

"사장님, 저희가 시설비 500만 원만 받고 폐업하려던 매장을 무려 500만 원이나 더 받고 처분하게 해드리는 건데, 오히려 감사하게 생각하셔야죠. 저희 아니면 절대 못 파세요. 팔릴 매장이 아닌데, 아니면 그냥 생돈 날리고 폐업하시던가요."

반협박조였다. 이 씨는 다시 폐업절차를 밟는 것보다, 그리고 본전보다는 낫겠다는 생각이 들었다. 결국 그날 계약을 했고, 가게를 넘겼다. 양수자에게는 수수료에 대해서는 절대 함구해야 한다는 '입단속'을 강요받았다.

그렇게 '찝찝한 매매'를 한 이 씨는 권리금으로 6천만 원을 주고 들어온 새 가맹점주가 "장사가 안 된다"고 주변에 하소연한다는 사실을 뒤늦게 알게 됐다. 이 씨는 자신 역시 창업컨설팅의 피해자라고 생각하면서도, 마음 한쪽에 죄책감을 느끼기 시작했다.

"저는 전혀 의도치 않았지만, 김 팀장이 저를 공범으로 만들어버렸어요. 창업컨설팅 구조 자체가 새 주인에게 모든 것을 다 떠넘기는 구조더라고요. 그 사이 저는 가해자가 되어버렸고요."

이 씨는 김 팀장에게 전화를 걸어 "당신이 이 모든 일에 책임지라"고 항의해보기도 했지만, "계약에 문제가 생기면 양도인에게 책임을 묻게 되어 있으니, 돈을 물어주고 싶지 않으면 가만 있으라"는 답만 돌아왔다. 기자가 김 팀장에게 전화가 걸었을 땐 "양수인이 문제제기도 하지 않는데, 왜 기자가 난리냐. 법적으로 아무 문제 없는 계약에 트집잡지 말라"며 도리어 화를 냈다. 죄책감이라고는 도무지 찾아볼 수 없었다. 그들은 금전적 손해도, 죄책감도 모두 자영업자들의 몫으로 만들어버렸다. 그리고 사고파는 자영업자들 사이에서 농간으로 뜯어낸 돈은 오직 창업컨설팅업체의 몫이었다.

Tip

업종 변경을 권유하는 진짜 이유는?

인터뷰에 응해준 피해자 상당수는 자신이 잘 알지도 못하는 업종에 '감아오기' 당한 사람들이었다. 더욱 마음이 아픈 점은 자신이 어떻게 피해를 입은 건지도 모르는 경우가 많았다는 것이다. "전에는 장사가 잘됐다는데 저는 장사를 잘못하나 봐요"라고 자책까지 하는 피해자를 보면서 정말 안타까웠다.

자신의 운을 탓하는 경우도 많았다. 이들은 "임대료가 올라서", "주변에 경쟁업체가 생겨서" 망했다고 결론을 내렸다. 하지만 정말 그게 문제였을까. 애초에 장사가 안 돼서 내놓은 매장을 수천만 원 상당의 수수료까지 내면서 비싸게 산 것이 원인이었다. 취재 과정에서 가장 많은 시간을 차지한 것이 피해자를 만나 자신도 알지 못하는 사이에 어떤 피해를 당했는지 설명하는 일이기도 했다.

"지금 막 좋은 매물 하나가 나왔는데, 혹시 이 업종도 괜찮으세요? 정말 운이 좋으신 거예요."

이들이 처음 넘어간 것도 좋은 '운'이라는 말이었다. 지금 이 행운을 놓치면 다시 이런 기회를 얻기 힘들다고 했다. 대신 생각할 틈을 주지 않았다. "내일까지 결정하지 않으면 다른 대기자한테 넘길 수밖에 없다"며 빠른 선택을 강요받았다. 생각할 틈도 없이 마음이 조급해지도록 만드는 전략이었다.

기자인 내가 창업을 도전했을 때도 창업컨설턴트로부터 가장 많이 들었던 말 역시 "정말 운이 좋으시네요"라는 말이었다. "좋은 매장이 마침 딱 하나 나왔는데, 정보를 아시는 분만 행운을 잡는다"고 했다. 왜 나에게 행운은, 창업을 시도하는 순간마다 찾아온 것일까?

카페를 창업하겠다고 했던 처음의 바람과는 달리, 나의 몸은 필라테스업체와 닭강정 프랜차이즈업체에 홀리듯 가 있었다. 취재가 아니었다면, 나도 모르게 계약서에 도장을 찍었을지 모른다. 함께 취재했던 기자는 점점 창업컨설턴트의 현란한 말에 빠져드는 나를 보고 "빨려 들어가겠다. 조금만 더 하면 넘어가겠다"라고 하기도 했다. 알고 들어도 혹할 정도로 그들은 능수능란했다.

업종 변경을 권유한다면, 그 순간 무조건 의심부터 해보아야 한다. 이 창업컨설턴트가 나를 위한 맞춤형 매장을 찾아주는 것이 아닌, 자신에게 이익이 되는 매장만 소개해주는 것이 아닌지 말이다.

'초기투자만 하면 가게에 나가지도 않고 월 수천만 원을 벌 수 있는 황금 매장을 왜 잘 알지도 못하는 나에게 소개할까?' 상식적인 질문만 던져봐도 답은 명확해진다. 의심하고, 또 의심하라!

무엇보다 자영업은 투자사업과는 성격이 다르다는 점을 잊어서는 안 된다. 자신의 이름을 내걸고 자신만의 업을 경영하는 자영업자를 꿈꾸던 이들도 창업컨설팅 상담만 받고 나면, "1억 원을 투자하면 가게에 나가지 않고도 월 수익이 천만 원이 넘는다"며 투자의 관점으로 접근하게 되는 경우가 많다.

물론 사정상 오토로 운영할 수는 있겠지만, 남이 가져다주는 소스로만 조리하는 사장은 경력이 쌓여도 자생력이 없는 장사꾼으로만 남을 수도 있다는 사실을 간과해서는 안 된다. 업종 변경은 그들이 호언장담하는 대로 손쉬운 일이 절대 아니다. 특히 집에서 먼 거리의 가게를 권유하며 "출근할 필요 없다"고 속삭일 땐 주의해야 한다. 사장이 없는 가게의 성공은 누구도 담보하기 어렵다.

4장

초보자를 노리는 치명적인 4가지 덫

1
초보일수록 프랜차이즈 조심

떴다방 프랜차이즈

대만 카스테라, 인형뽑기방, 무한리필 고기집, 벌집 아이스크림, 테이크아웃 핫도그……. 반짝 떴다가 사라진, 혹은 사라지진 않았더라도 열풍이 급속히 사그라든 업종이다. 아이템이 주목받자 프랜차이즈업체만 수십 개가 난무하기도 했다. 한 창업아이템이 뜨면, 유사한 미투me too 브랜드가 난립하고, 여기에 창업컨설팅업체가 가세해 무분별한 가맹점 늘리기에 앞장선다. 이는 '기획형 프랜차이즈', '떴다방 프랜차이즈'로 불린다.

2020년 12월 31일까지 공정거래위원회에 정보공개서를 등록한 프랜차이즈 브랜드는 모두 6,847개다. 코로나19 확산세에도 2019년보다 12.5% 증가하며, 최근 3년 가운데 가장 큰 증가폭을 보였다. 이쯤 되면 대한민국은 가히 '프랜차이즈 공화국'이라 할 만하다.

하지만 사라진 브랜드도 많았다. 2020년 한해에만 15.7%에 달하는 1,077개의 브랜드가 폐업했다. 프랜차이즈 브랜드 가운데 직영점을 가지고 있지 않은 브랜드도 4,215개로 61.6%에 달했다. 직영점 성공 사례 없이 브랜드 확장에 나선 경우가 그만큼 많다는 것을 보여준다. 실제로 직영점 보유 브랜드의 연평균 매출액은 3.1억 원으로, 미보유 브랜드 2.9억 원보다 8.9%가량 높았다. 폐업률의 경우 직영점 미보유 브랜드가 25.4%로, 보유 브랜드10.6%보다 높게 나타났다.

특히 외식업은 프랜차이즈 중 수명이 가장 짧았다. 외식업 브랜드 존속 연수는 4.18년에 불과해 도소매업6.23년과 서비스업5.65년에 비해 가장 짧았다. 특히 외식 프랜차이즈 중 52.9%는 존속 연수가 3년 미만이었고, 20년 이상 존속한 브랜드는 단 1.6%에 불과했다. 프랜차이즈 열풍은 코로나19라는 최대 불황에도 가속화되고 있지만, 3년도 못 가고 사라지는 외식업 브랜드는 전체의 절반이 넘는다는 얘기다.

프랜차이즈 열풍에는 '떴다방 프랜차이즈'가 큰 기여를 한다. 떴다방 프랜차이즈는 해당 업종에 대한 연구나 개발 과정도 없고, 직영점도 제대로 성공시키지 않은 채 그럴듯한 프랜차이즈 브랜드를 만들어놓고 가맹점을 모집한 뒤, 얼마 지나지 않아 또다시 새로운 프랜차이즈 브랜드를 만드는 이들을 뜻한다. 오직 가맹점주로부터 인테리어 수익과 가맹비, 유통마진 등을 벌어들이는 것만이 목표다 보니, 가맹점 늘리기에만 혈안이 된다. 이후 가맹점에 대한 지원이나 관리가 제대로 이뤄지지 않은 채 본사는 폐업하고, 또 다른 아이템을 찾

프랜차이즈 브랜드 수 현황

자료: 2021년 프랜차이즈 산업통계현황

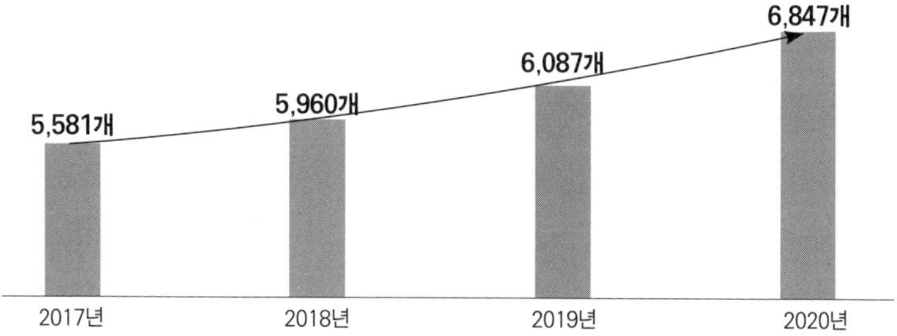

연도별 폐업 브랜드 수

자료: 2021년 프랜차이즈 산업통계현황

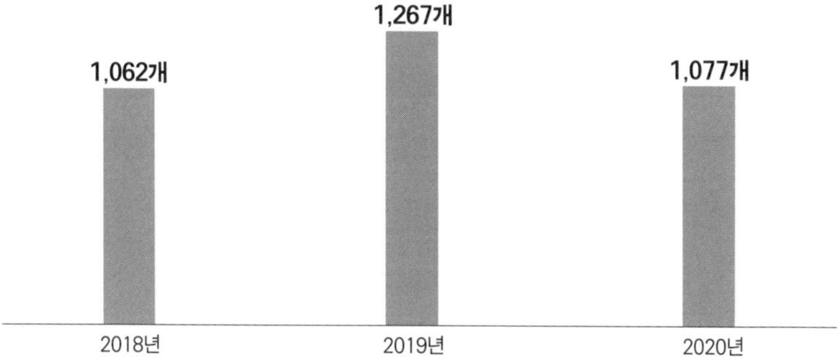

직영점 유무별 가맹점 평균 매출액

자료: 2021년 프랜차이즈 산업통계현황

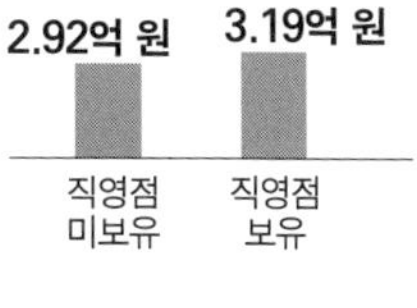

외식 프랜차이즈 존속 연수

자료: 2021년 프랜차이즈 산업통계현황

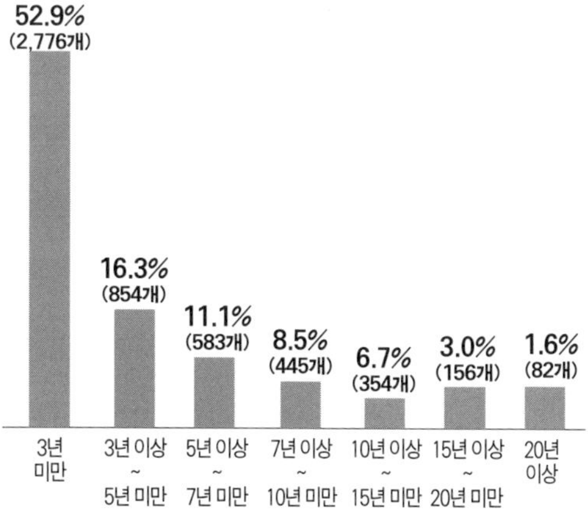

아 나선다. 후에 가맹점들이 줄폐업해도 본사는 손해를 보지 않는다. 손해는 모두 점주의 몫이다. 프랜차이즈 공화국은 수많은 피해자를 양산한다. "대만 카스테라 가게가 망해 빚을 졌어요." 영화 〈기생충〉에서 주인공인 기택송강호 분이 지하 방에서 생활고를 겪게 되는 것도 프랜차이즈를 하다가 망한 후부터다. 주인공처럼 당시에 빚만 떠안고 폐업한 가맹점주는 수백여 명에 달한다.

창업컨설턴트도 폐업의 개미지옥에서 자유롭다. 가맹점을 열 때마다 수수료를 받는 구조이기 때문에 이후 폐업을 하든 말든 상관이 없다. 그렇다 보니 창업컨설턴트가 예비창업자에게 주로 권하는 아이템이 '떴다방 프랜차이즈'다. 특히 첫 창업일 경우 추천을 받는 경우가 많다. 시스템이 이미 갖춰져 있는 데다 아예 출근조차 하지 않는 '풀오토' 매장으로 운영하는 것까지 가능하다고 홍보한다.

창업자금이 여유롭지 않을 때도 추천하기가 좋다. 프랜차이즈가 유명하면 할수록 가격이 비싸기 때문이다. 신규 프랜차이즈지만, 매장 운영 시스템이 갖춰져 있어 비용부담은 줄이고 프랜차이즈의 장점만 살릴 수 있다고 홍보한다. 무엇보다 현재 유행하고 있는 아이템이어서 당장 망할 걱정도 없다는 논리다. 유행이 끝난 나중을 걱정하면 다른 신규 프랜차이즈로 갈아타면 된다고 강조한다. "그땐 다른 신규 프랜차이즈로 저희가 다 알아서 바꿔드릴게요"라고 하지만, 새 아이템으로 바꾸는 비용 역시 가맹점주의 몫임을 잊어서는 안 된다. 그들은 그 과정에서 또다시 수천만 원의 수수료를 챙긴다는 점도 말이다.

리턴까지 챙기는 창업컨설턴트

옷가게를 운영하던 50대 박민수가명 씨는 혼자 하는 장사가 버거웠다. 옷을 떼 오고 파는 과정도 고되고, 무엇보다 끊임없이 변하는 유행을 따라가기가 쉽지 않았다. 좀 더 쉬운 장사를 하기로 결심하고 프랜차이즈 카페를 알아봤다. 애초 관심을 가졌던 카페는 한창 매장을 확장해가던 ○○○였다.

2016년 5월, 박 씨는 인터넷 검색으로 알게 된 한 창업컨설팅업체에 전화를 걸었다. ○○○와 'ㄱ주스전문점' 매물을 갖고 있는 업체였다. 전화를 받은 이는 뜻밖에도 창업컨설턴트이자 ㄱ주스전문점 외부협력부 총괄팀장이라고 했다. 그는 "풀오토로 운영해도 매출은 3천만 원 이상, 순수익은 무조건 월 1천만 원 이상"이라며, "본사에서 다 해주기 때문에 초보창업자들도 쉽게 시작할 수 있다"고 자신했다. 그는 ㄱ주스전문점 팀장인 자신을 만난 건 천운이라며 "특별히 좋은 상권에 자리를 봐줄 테니 본사 비용에 컨설팅비로 1천만 원만 더 얹어달라"고 했다. 정말 본사 직원이 맞느냐고 묻자 "본사에서 직접 위탁받은 업체니 사실상 본사나 마찬가지"라고 답했다.

박 씨가 10평 남짓의 테이크아웃 매장을 여는 데는 2억 원이 넘게 들었다. 가게를 얻는 데 권리금 7천만 원과 보증금 5천만 원이 필요했고, 프랜차이즈 본사에 가맹비와 교육비 각 500만 원, 시설·집기에 든 돈이 3천만 원이 넘었다. 인테리어는 10평 기준 2천만 원일 거라고 들었는데, 본사가 실제 청구한 금액은 2배가 넘는 4,600만 원이었다.

박 씨는 무조건 순수익 1천만 원이라는 창업컨설턴트의 말이 허황한 것임을 장사를 시작하자마자 알게 됐다. 그는 "개업 첫 석 달만 적자를 면했다. 풀오토는 고사하고, 주말도 없이 몸이 부서져라 일했지만 월 500만 원도 가져갈 수 없었다"며, "그나마 여름 성수기가 끝난 9월부터는 하루도 안 쉬고 일해도 월 200만~300만 원의 적자가 났다. 인건비조차 건질 수 없는 장사가 끔찍했다"고 말했다.

7천만 원의 권리금이라도 회수하고 그만두려 매장을 다시 컨설팅업체에 내놓았지만, 권리금만 깎을 뿐 팔아주지 않았다. "울화가 치밀더니 우울증이 생겼고 이러다가 병이 나 죽겠구나 싶어 건강이라도 지키자는 마음으로 권리금까지 포기하고 폐업했다."

한푼도 못 건지고 망하기까지 딱 1년이 걸렸다. 컨설턴트의 말에 홀려 전 재산이나 다름없는 돈을 날렸다. 매출이나 순수익 등 컨설턴트가 말했던 내용은 사실과 다른 게 많았지만 그는 어떤 책임도 지지 않았다.

박 씨가 지불한 창업비용 가운데 컨설턴트가 가져간 돈은 대략 15퍼센트가량으로 추정된다. 컨설팅업체는 프랜차이즈 본사와 물밑 계약을 맺고 이중으로 수수료를 가져간다. 박 씨한테서 1천만 원의 수수료를 받은 데 이어, 박 씨가 프랜차이즈에 낸 돈에서 별도로 최소 1천만 원의 '리턴'프랜차이즈 본사가 가맹점주로부터 받은 가맹비 등의 일부를 컨설팅비로 지급하는 것을 챙긴 것으로 추정된다. 당시 해당 프랜차이즈 창업을 맡았던 창업컨설턴트의 증언을 바탕으로 계산한 것이다. 취재 전까지 '리턴'의 존재를 몰랐던 박 씨는 인테리어 비용을 부풀려 돈을 뜯어간 사실을 뒤늦게 알게 됐다.

창업컨설팅업체는 ㄱ주스전문점 가맹점 확장만으로 엄청난 수익을 올렸다. 개인 실적으로 10억 원을 넘게 벌었다는 컨설턴트도 있다. 한 창업컨설팅업체 관계자는 "가맹점주가 가맹비와 인테리어 비용을 본사에 입금하면 컨설팅업체가 그 금액의 10퍼센트 이상을 받는 구조"라며, "한 달에 100곳 넘게 오픈을 알선한 컨설턴트도 있었다"고 말했다.

반면 박 씨와 비슷한 시기에 같은 프랜차이즈 가맹점을 창업한 6명 가운데 5명이 가게 문을 닫았다. 박 씨는 "1년 남짓 운영해 보곤 5명이 폐업하거나 다른 업종으로 전환했다. 마지막 한 명은 권리금이라도 받고 나가겠다며 하루하루 간신히 버티고 있는 상황"이라고 말했다. 박 씨는 "프랜차이즈 본사는 기본적으로 책임감이 없다. 전 재산을 담보로 맡기기엔 불안한 존재들이다. 여기에 창업컨설팅업체까지 끼어들면 더 진창이 된다. 망하는 지름길이다. 초보창업자라면 프랜차이즈를 해야 하는 게 아니라, 특히 프랜차이즈를 피해야 한다"고 하소연했다.

박 씨처럼 당시 창업컨설팅업체의 소개로 창업한 50명의 연락처를 확보해 근황을 파악해봤다. 결과는 충격적이었다. 이들 가운데 3년이 지난 현재도 매장을 운영하고 있는 사람은 단 9명에 불과했다. 나머지 41명은 아예 폐업했거나 다른 가게로 바꿔서 운영하고 있었다. 수명이 2년이 채 안 된 곳도 무려 22곳에 달했다.

창업컨설턴트의 가장 좋은 먹잇감

신생 프랜차이즈업체들은 따로 점포개발팀을 두고 매장 확장에 나설 자금여력이 없어 창업컨설팅업체와 공조하는 경우가 많다. 한 프랜차이즈업체 대표는 "창업컨설팅업체가 제 발로 찾아와 100개, 500개 알아서 확장해주겠다고 하는데 마다할 이유가 없다"며, "하지만 수수료를 과다하게 책정할 수밖에 없어 초기 창업비용을 크게 높이는 구실을 한다"고 인정했다.

앞에서도 말했지만, 창업컨설팅업체는 계약이 성사되면 가맹점주와 프랜차이즈 본사로부터 이중으로 수수료를 받는다. 하지만 가맹점주들은 이런 이중 수수료 구조를 전혀 알지 못한다. '호구'로 일컬어지는 초보창업자는 이들의 가장 좋은 먹잇감이다. 안정성이 높고 관리도 쉽다는 장점을 앞세워 프랜차이즈로 유인한다. 초보 예비창업자로서 상담과정에서 가장 많이 들었던 말도 "프랜차이즈는 망할 일이 없잖아요. 본사에서 다 해주기 때문에 하실 일도 없어요"였다.

하지만 창업컨설턴트들이 권한 프랜차이즈들은 직영점 성공 모델이 없는 신규 프랜차이즈이기 때문에 프랜차이즈 창업의 이점을 기대하기 어렵다. 전국가맹점주협의회 연석회의 정책국장인 정종열 가맹거래사는 "프랜차이즈 정보공개서조차 없는 업체들은 조심하는 게 좋다. 성공한 직영점이 있는지를 확인하면 실패를 줄일 수 있다"며, "성공한 모델 없이 가맹점주를 모집해 실험을 하려는 신생업체들을 주의해야 한다"고 조언했다.

손쉬운 가맹점 확장이 목표인 신규 프랜차이즈업체, 가맹점 확장으로 돈을 버는 창업컨설팅업체, 프랜차이즈를 통해 쉽고 안정적인 수익을 거두기를 원하는 창업자의 욕망. 이 세 바퀴가 맞물려 프랜차이즈 떴다방 창업이라는 투전판이 완성된다.

2
대기업이라 믿었는데 '특수점포'

상가임대차보호법의 사각지대

대형 쇼핑몰이나 백화점의 푸드코트, 대학 캠퍼스, 병원 등 특수상권 내 매장을 부동산업계에서는 '특수점포'라고 한다. 특수점포는 위장취업 당시에 교육받을 때부터 따로 교육자료가 있을 정도로, 창업컨설팅업체에서도 각별히 신경을 쓰고 있었다. 법적인 문제에 걸리는 경우가 비일비재해서다.

특수점포는 매달 일정한 임차료를 내는 일반 매장과 달리 매출에 따라 일정 비율을 내는데, 보통 20~25퍼센트 사이로 계약하는 경우가 많다. 임대차 계약이 아니기 때문에, 상가임대차보호법의 보호를 받을 수 없다. 하루아침에 가게에서 쫓겨날 수도 있는 것이다.

수천만 원의 권리금까지 내고 들어왔지만, 1~2개월 만에 쫓겨나기도 하는 곳이 특수상권이다. 다음의 창업컨설팅업체 교육자료에도 이 같은 내용이 잘 나타나 있다. 이런 위험성에도 불구하고, '계약을 하지 말라'는 말은 없고, 그 책임을 '계약자'에게 돌리라고만 되어 있다. 위험성이 큰 매장을 팔면서 책임은 지지 않겠다는 태도다.

특수상권 계약 시 주의사항

백화점 또는 할인마트, 특수기관 등은 일정 점포를 정상적인 임대차 계약이 아닌 다른 형태 특정매입계약서 등으로 표현하거나 임차료를 수수료 형태로 지급받는 형태의 계약서를 작성함 로 계약을 체결해 공동 사업자 형태로 임차인과 계약한다. 이럴 경우 우리가 알고 있는 임대차보증금을 받지 않거나 다른 명목으로 받아서 상가임대차계약이 아닌 것으로 간주해 계약을 체결한다.

따라서 만약 특수상권의 점포를 양도양수하는 경우라면, 양수인에게 해당 점포는 정상적인 임대차 계약이 체결되지 않은 점포이며, 따라서 상가임대차보호법의 적용 대상이 아니라는 점을 계약서에 명시특약사항 필히 기재해야 하며, 명도당할 경우 창업컨설팅업체와 창업컨설턴트에게 민·형사상 책임을 묻지 않겠다는 것을 공증받으시길 바랍니다.

–○○○컨설팅업체 자료

대형 창업컨설팅업체의 경우 그나마 법적인 안전장치를 마련하며 각별히 조심하지만, 작은 업체는 위험성에 대한 인지조차 없이 계약을 진행하기도 한다. 특수상권을 전문으로 하는 업체라고 홍보하면서도 "절대 재계약이 안 되는 경우는 없다", "대기업에서 운영하는데 하루아침에 쫓아낼 일이 있겠냐"라며 일단 판 뒤, 문제가 생기면

"우리는 돈이 없고, 창업컨설팅업체도 폐업할 예정"이라며 문제가 생기면 책임은 지지 않는 경우도 있다.

장사 시작 두 달 만에 쫓겨난 정 씨

대기업 아웃렛이라 안전할 거라는 창업컨설턴트의 말을 믿었다가 개업 2개월 만에 투자금 6천여 만 원을 전부 날리고 쫓겨난 30대 직장인 정문희가명 씨도 이런 경우였다. 정 씨는 2017년 12월 ㅎ아웃렛 ○○점 푸드코트에 프랜차이즈 음식점을 냈다가 개업 20여 일 만에 퇴거 통보를 받았다. 그동안 모은 돈에 대출까지 받아서 투자했는데 한푼도 건지지 못했다. 오히려 인테리어 철거비용을 물어내라는 요구까지 받았다.

정 씨에게 이 가게를 소개한 것은 창업컨설팅업체였다. 정 씨는 회사에 다니며 가게를 운영할 수 있는 '풀오토' 편의점이나 카페를 원했다. 하지만 컨설턴트는 소자본 창업으로는 '특수점포'가 안정적이라며 이 가게를 권했다. 컨설턴트는 아웃렛 내부에 있어 안정적인 매출이 보장되는 매장이라고 했다. 직원 3명이 겨우 들어가는 5평 남짓한 매장의 권리금은 무려 5,900만 원이었다.

그런데 이상했다. 임대차 계약 기한이 2018년 3월 초까지로 석 달밖에 남지 않은 상태였다. 컨설턴트 김정기가명 팀장은 "무조건 재계약된다. 대기업에서 갑자기 쫓아낼 아무런 이유가 없다. 장사하다가 힘들면 우리가 언제든 팔아주겠다. 권리금은 무조건 받을 수

푸드코트 모습. 정문희 씨를 포함한 점포 9곳이 쫓겨난 뒤 리모델링을 거쳐 새로운 점포들이 들어선 ㅎ아울렛 푸드코트 모습. 자료: 한겨레

있다"고 설명했다.

프랜차이즈 가맹 계약을 할 때도 김 팀장이 함께했다. 김 팀장은 "프랜차이즈업체가 으레 점포 임대차 갱신이 안 될 수도 있다고 말하니 알고 있다고 답하라"며, "권리금에 대해서는 프랜차이즈업체나 푸드코트 위탁운영업체인 ㅇ푸드, ㅎ아웃렛 등에 모두 비밀로 해야 한다. 돈 문제는 민감하기 때문에 말하면 안 된다"고 구체적으로 지시했다.

순진한 정 씨는 그대로 따랐다. 정 씨가 철저히 속았다는 사실을 깨달은 건 퇴거 통보를 받고 나서였다. 리모델링을 해야 하니 나가달라는 말에 대응할 수단이 없었다. 정 씨가 장사 시작 두 달 만에 쫓겨난 이유는 '특수점포'의 위험성을 몰랐기 때문이다.

피해는 자영업자의 몫

특수상권의 건물주는 개인이 아닌 위탁운영업체나 프랜차이즈 등 법인과 임대차 계약을 한다. 가맹점주가 임대차 계약서를 썼다고 하더라도, 실제로는 재임대에 해당하는 전대차 계약인 경우가 많다. 컨설팅업체가 정 씨에게 프랜차이즈업체 소속 점장인 것처럼 행동하라고 한 것도 이 때문이었다. 푸드코트 위탁운영업체인 ㅇ푸드가 ㅎ아웃렛과 맺은 푸드코트 위탁 계약5년의 만료 시한이 2018년 3월 초였고, 이에 따라 ㅇ푸드와 프랜차이즈 본사가 맺은 임대차 계약도 종료됐다. 계약이 자동 연장될 거라는 창업컨설턴트의 고의적인 거짓말과, 임대차 계약 종료가 얼마 남지 않았음을 뻔히 알고 있던 프랜차이즈 본사, ㅇ푸드, ㅎ아웃렛의 묵인 아래 정 씨는 전 재산이나 다름없는 돈을 잃었다.

정 씨는 "이제 막 인수했는데 나가라고 하니 청천벽력이었습니다. 창업컨설팅업체도, 위탁업체도, 아웃렛도 모두 아무런 책임이 없다고 나 몰라라 했다"고 울분을 토했다.

정 씨와 함께 쫓겨난 점포는 무려 9곳이었다. 이 가운데 창업컨설팅업체를 통해 입점한 점포는 7곳이다. 짧게는 2개월에서 길게는 1년여 만에 내쫓겼다. 권리금은 천차만별이었다. 5평 남짓한 공간에 3,500만 원에서 많게는 1억2,200만 원까지 권리금을 내고 들어갔다.

상가건물임대차보호법이하 '상가임대차보호법'은 권리금 회수를 보장하고 있지만, 정 씨처럼 편법 임대차 계약을 맺은 상인들은 보호받지 못한다. 창업컨설팅업체도 내부적으로는 '특수점포' 계약 시 반드시 주의하라고 교육한다. 소자본 창업자들을 유인할 수 있는 좋은 수단이기는 하지만, 권리금 한푼 챙기지 못하고 하루아침에 쫓겨나는 일이 비일비재해서다. 대기업에서 운영해서 안정적이라는 말과는 정반대로, 매출액이 임대료와 직결되는 만큼 매출이 조금이라도 부진하면 즉시 매장을 교체하는 경우가 많다.

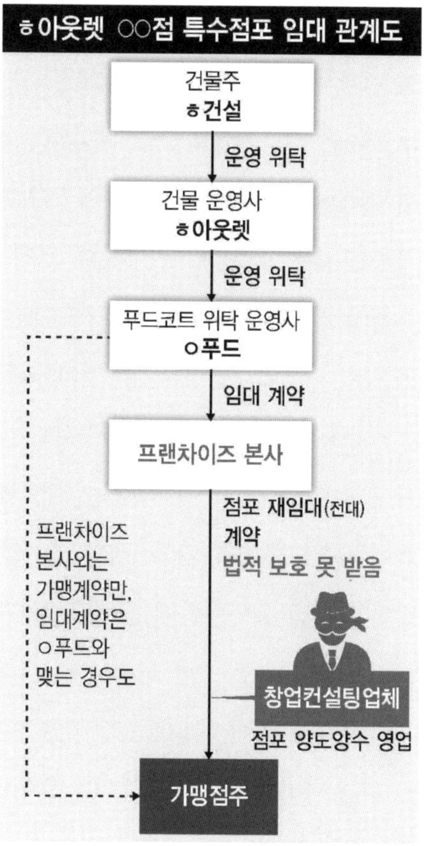

자료: 한겨레 인포그래픽

정 씨는 창업컨설팅업체를 상대로 소송을 진행 중이다. 하지만 계약서에는 "본 계약은 양수인의 의사결정에 의해 계약을 체결하므로, 추후 매출 및 점포 운영에 관한 모든 사항에 대해 창업컨설팅 회사에 민형사상 이의를 제기하지 않는다"는 문구가 적혀 있다. 계약 당시에는 설명조차 듣지 못한 문구다. 창업컨설팅업체는 이를 근거로 책임이 없다고 주장하고 있다. 함께 쫓겨난 김유미가명 씨도 소송에 나섰지만 창업컨설팅업체는 곧 폐업할 예정이어서 보상할 돈도 없다며 배째라는 식으로 나오고 있다.

특수상권 가맹점주는 자신의 이름으로 사업자등록을 내고 정식으로 임대차 계약을 체결하지 않았기 때문에, 상가임대차보호법의 적용을 받지 못한다. 이 때문에 언제 쫓겨날지 모르는 특수상권의 특성상 권리금을 주고 들어가서는 안 되는데, 권리금 차액으로 이득을 챙기는 창업컨설팅업체가 권리금 거래를 조장하고 있는 셈이다.

아웃렛을 비롯한 관계자들은 책임 떠넘기기에만 급급했다. 이 아웃렛에서 쫓겨난 한 점주는 "아웃렛 직원은 권리금을 얼마 주고 들어왔냐고 물어볼 만큼 구조를 잘 알고 있었다"며, "ㅇ푸드 역시 다 알면서 권리금을 나한테 준 것은 아니지 않냐고 책임을 회피했다"고 하소연했다. ㅇ푸드 한 관계자도 "권리금 계약을 하고 있다는 것을 우리도 알고 ㅎ아웃렛도 모두 알고 있었다"며, "특히 임대차 계약 종료 시점 막바지에는 지금은 거래하지 말라고 프랜차이즈업체에도, 점주들에게도 모두 이야기했는데도 창업컨설팅업체를 통해 거래가 이뤄졌다"고 털어놨다.

이에 대해 ㅎ아웃렛은 "ㅇ푸드가 계약한 것으로 알고 있다. 위탁운영하는 곳이라 내부사정은 잘 모른다"고 답했다. ㅇ푸드 쪽은 "우리는 아웃렛과 5년 계약이 되어 있었고, 우리와 임대차 계약을 하는 쪽에는 이 사실을 고지했다. 법인과 계약하는 것이 원칙이지만, 법인에서 운영하기 힘들다고 잘하는 개인한테 넘기겠다고 하면 안 받을 수가 없다. 권리금 거래에 우리는 일절 관여한 적 없다"고 밝혔다.

3
본사 점포개발팀을 믿지 마세요

"제발 폐업하고 싶습니다."

충북의 한 편의점 점주인 홍정남가명 씨의 절규가 국회 의원회관에 울려 퍼졌다. 창업하고 싶은 게 아니라, 폐업하고 싶은데 마음대로 하지 못한다니 무슨 사연일까. 홍 씨는 편의점을 운영하는 자신의 삶을 '고통'이라고 표현했다. 경력단절로 인해 점주가 되어 맞벌이를 하고자 했던 그의 삶은 어쩌다 고통이 됐을까.

홍 씨의 편의점 근처에는 아파트는커녕 원룸과 건축 중인 89세대의 원룸 외엔 배후상권이나 통행량이 많은 도로조차 없다. 그렇다고 산업단지 등의 개발계획이 있는 곳도 아니다. 포털사이트 지도 검색을 통해 로드뷰와 위성사진을 찾아본 타지역 점주는 "도대체 왜 이런 곳에 보증금 4천만 원, 월 임대료 198만 원의 28평 점포를 오픈했냐?"고 홍 씨에게 물어보기도 했다.

오픈 이유에 대해 홍 씨는 편의점 1등 브랜드로 30여 년간 편의점 사업에 전념한 업체를 믿었다고 했다. 그는 "경험이 풍부하다고 자랑하는 만큼 점포개발팀에서 수많은 데이터와 변수들을 고려해 결정하는 줄 알았다. 신축인데다 비싼 동네이니 감안하라는 말을, 임대료는 낮출 대로 낮추었다는 말을, 하루 8시간 일하면 임대료 등을 제외하고도 월 300만 원의 수익이 날 것이라는 말을 그대로 믿었다"고 했다.

직장생활을 해오다 경력단절로 고민하던 홍 씨는 고등학생과 대학생 두 자녀의 학비부담과 고령의 부모님 부양비가 갈수록 높아지자, 맞벌이를 위해 편의점을 택해 평범한 행복을 꿈꿨다.

홍 씨는 매일 오전 6시부터 오후 6시까지 12시간씩 쉬지 않고 일했지만, 하루 방문객 수는 100명이 넘지 않고, 일 매출은 50만 원에 그쳤다. 순수익 270여만 원을 번 달에는 알바비 230만 원을 제하니 고작 40만 원이 남아 임대료는 아예 내지도 못했는데, 본사가 260여만 원을 가져갔다.

가족과 가정을 돌볼 시간마저 잃은 홍 씨는 한때 자책을 하기도 했다. "내가 일을 못했나, 불친절했나, 점포관리를 제대로 못했나, 알바생이 일을 잘못한 건가. 지난 1년여 동안 매장운영에만 전념하고 끊임없이 자문하고 돌아보았다. 하지만 저는 정말 최선을 다했다"며 눈물을 글썽였다. 알바비라도 아껴보려 깜깜한 새벽에 출근해 늦은 저녁이 되어서야 퇴근했고, 집안일이나 가족과의 대화를 위한 시간마저 낼 수 없는 피폐한 생활이 계속됐다.

이런 고통 속에서도 1년여 동안 폐점을 엄두조차 내지 못했던 것은 잔여 임대기간 4년과 인테리어 잔존가 2천여만 원을 물어내라는 편의점 본사의 요구 때문이었다. 홍 씨는 국회와 거리 등에서 투쟁을 이어간 끝에 결국 1년 6개월 만에 본사 측에서 인수하는 조건으로 가게를 넘겼지만, 5천만 원이 넘는 빚은 고스란히 떠안아야 했다. 점포를 인수한 본사 측은 새로운 점주를 찾으려 했지만 실패해 결국 문을 닫았다.

창업보다 부담스러운 폐업

편의점은 업계에서도 창업의 진입장벽은 낮은 반면 폐업은 하기 어려운 구조다. 편의점은 본사 점포개발팀에서 신규점포 개설 등을 맡는다. 2천여만 원의 가맹비와 임대료, 경우에 따라 권리금 등이 필요하지만, 자금이 부족한 경우 대출도 직접 연결해준다. 대출이나 신용 문제로도 어려움을 겪을 경우, 타인의 명의로 오픈을 해주기도 한다.

하지만 '폐업'은 엄두를 내기가 쉽지가 않다. 폐점 시 인테리어 잔존가와 각종 위약금을 점주가 부담해야 해서다. 전국가맹점주협의회 편의점본부는 손익분기점에 한참 못 미칠 경우, 점주의 '희망폐업'이 가능하도록 요구하고 있다. 세븐일레븐의 경우 일 매출이 80만 원 이하로 3년 이상 운영 시, 인테리어 잔존가를 포함한 위약금을 전액 면제하는 상생안을 2018년 2월 발효하기도 했다.

서울 관악구에서 편의점을 운영했던 한정수가명 씨도 매달 150

만 원의 대출로 적자를 감당해오다 몸까지 망가져 결국 2년 만에 폐업했다. 하지만 돌아온 건 재고부담과 1,900만 원 상당의 위약금 청구서였다. 하루 17시간씩 일하고도 감당할 수 없는 적자였지만, 본사에서는 책임을 떠넘기기만 해 결국 한 씨는 소송을 준비하고 있다.

점주들이 요구하는 것은 본사에 대한 책임 전가가 아닌 '상생'이다. 전국가맹점주협의회 편의점본부 관계자는 "점포가 기대수익을 거두지 못하고 폐업했을 경우, 고소득을 보장했던 본사는 아무런 책임을 지지 않는다"며, "인테리어 잔존가 전부를 없애달라는 얘기가 아니고, 본사와 가맹점주가 반반씩 부담하도록 해 본사가 무분별하게 점포를 확장하는 일을 막아야 한다"고 호소했다.

4
해외 프랜차이즈는 영어로 항의하라고?

2013년 편의점 점주들의 잇단 극단적인 선택이 세상에 알려지면서, 가맹사업법 개정을 통해 가맹점주 단체를 설립하는 것이 법적으로 가능해졌다. 이전에도 협의회 형태의 모임이 있었지만, 가맹점주 단체가 본사와 협상할 수 있는 법적 절차가 갖춰진 것이다. 브랜드별 가맹점주 단체들이 현재도 활동을 이어가고 있고, 이를 총괄하는 전국가맹점주협의회도 2018년 10월 공정거래위원회의 비영리법인 설립허가를 받아 불합리한 제도 개선과 공동 현안 대응에 나서고 있다.

이처럼 국내 프랜차이즈도 개별 가맹점주가 본사를 홀로 상대하기가 어려워 단체로 행동하는 상황에서, 해외에 본사를 둔 프랜차이즈의 경우는 어떨까. 우리말로 아무리 의견을 피력해도 꿈쩍도 안 하는 거대 프랜차이즈 본사와 싸우는 일은 결코 쉽지 않다. 하물며 점주가 미국 본사에 영어로 의견을 표명하고 싸워야 한다면 어떨까. 외국인 변호사를 고용해야 할 텐데 비용과 시간은 고스란히 가맹점주의 몫이 된다. 해외 프랜차이즈 창업을 염두하고 있는 사람들이라면 반드시 참고해야 할 사례가 하나 있다.

해외에 본사 둔 프랜차이즈의 갑질

미국에 본사를 둔 샌드위치 프랜차이즈 ㅅ사 가맹점을 경기도 안양에서 운영하던 최한울가명 씨는 2017년 10월 하루아침에 일방적인 폐점 통보를 받았다. 벌점이 누적됐다는 이유였다. 냉장고 위 먼지나 재료 부족, 본사가 지정한 상품이 아닌 세제나 선풍기를 사용했다는 것이었는데, 이는 바로 시정이 가능한 사안이었다. 최 씨는 본사가 지적한 사항을 개선하고 운영을 계속했지만, 일방적인 폐점 통보를 받은 것이다.

최 씨는 여기에 다른 이유가 있을 것이라고 추측하고 있다. 2015년 개업 초기 2,700만 원이었던 연평균 매출액을 4,100만 원까지 끌어올리는 등 장사가 잘되는 매장인데다 고객불만도 없었으므로, 본사에서 장사 잘되는 매장을 직영점으로 전환하기 위해 가맹점 축소에 나선 것 아니냐는 의심이다.

최 씨가 반발하자, 황당한 답변이 돌아왔다. 미국중재협회 산하 분쟁해결센터에 직접 대응해 소명하라는 것이었다. 계약서상의 폐점에 관해서는 미국 분쟁해결센터의 결정을 따르고, 중재 절차는 한국어가 아닌 '영어'로 진행한다는 내용이었다. 계약서에 작은 글씨로 나와 있었지만 계약 당시 아무도 설명해주지 않았다. 계약서에는 폐점 통보 뒤에 영업하면 하루에 28만 원 상당을 내야 한다는 조항과, 강제 폐업당한 점주는 3년 동안 반경 3마일 이내에서 동종업종을 개점하거나 아르바이트조차 하지 못한다고 적혀 있었다.

중재를 위한 변호사를 고용할 수 있다고 했지만, 시간당 400달러 수준이라 최 씨는 엄두조차 낼 수 없었다. 미국 중재제도를 잘 아는 국내 변호사를 찾는 것도 어려운 일이었다. 결국 최 씨 가족은 직접 미국 중재제도를 공부하면서 영어로 본사 증빙 자료에 반박하는 자료를 만들어 이메일로 분쟁해결센터에 제출하는 것으로 만족해야 했다. 하지만 폐업 통보 2년 만에 미국 분쟁해결센터에서 받은 판결은 '폐점에 문제가 없다'는 것이었다. ㅅ 프랜차이즈 측은 판결이 나오자 계약을 해지했다.

미국 판결과는 별도로 조사에 나선 공정거래위원회는 2년여 만인 2021년 7월 가맹사업법 위반 행위라고 결론내리고, ㅅ 프랜차이즈 본사에 시정명령을 내렸다. ㅅ 프랜차이즈는 2009년 10월부터 지난해 4월까지 가맹점주들에게 13종의 세척제를 특정 회사 제품만으로 구매하도록 하고 따르지 않으면 벌점을 매겼다. 최 씨가 일정 점수의 벌점을 넘기자 계약까지 해지한 것이다. 이 때문에 최 씨를 비롯한 가맹점주들은 모두 10억7천만 원을 들여 시중의 유사한 상품보다 3.3배 비싼 세척제를 사야만 했다.

가맹사업법은 가맹본부의 상표권 보호와 상품 동일성 유지에 필요한 경우에만 구입 강제행위를 허용하고 있지만, 세척제는 샌드위치의 맛이나 품질유지와는 관계가 없는 품목이라는 게 공정위 판단이다. 공정위는 또한 ㅅ 프랜차이즈가 가맹점주에게 두 달 이상의 유예기간을 두고 계약위반 사실을 구체적으로 밝힌 뒤 이를 시정하지 않으면 계약을 해지한다는 사실을 서면으로 2회 이상 통지하도록 하는 가맹사업법도 위반했다며, 최 씨와의 계약해지는 부당하다고 결론을 내렸다. 이번 조치에 과징금 부과 등의 조치가 없는 점은 아쉽지만, 국내에서 가맹사업을 하는 글로벌 외국기업에도 국내기업과 동일한 잣대로 가맹사업법을 적용했다는 점에서 의미가 크다.

하지만 이처럼 해외에 본사를 둔 프랜차이즈로부터 '갑질'을 당해도 이를 바로잡기까지 너무나 오랜 시간이 걸린다. 한 피자 브랜드도 월 매출의 0.8퍼센트를 가져가는 어드민피가맹점 서비스 수수료 제도 문제로 본사와 가맹점주가 3년이 넘는 지난한 법정 다툼을 벌였다. 결국 불공정하다는 판결이 나서 도입 16년 만에 어드민피 제도 자체가 폐지됐다.

Tip

성급한 계약은 금물!
발품 파는 만큼 매장이 보인다

"전문가가 수치까지 들이대며 확실하다고 하니까 거짓말이라는 의심조차 못했어요."

취재를 하다보니 평생 자신이 뼈빠지게 일해서 모은 퇴직금 전부를 쏟아부으면서도 창업컨설턴트의 '달콤한 말'만 믿었다는 안타까운 사연들이 너무나 많았다. 생전 처음 본 창업컨설턴트의 말을 왜 이렇게까지 신뢰하는 건지 마음이 답답했다. 취업 다음 날부터 과장 직함을 다는 '무자격' 컨설턴트인데도 말이다.

'창업전문가'라고 자칭하는 컨설턴트가 내미는 '창업물건 보고서'를 보면 분석 보고서처럼 그럴싸해 보인다. 인건비와 재료비, 임대료, 제세공과금, 홍보기타잡비 등 매출경비가 상세히 공개되어 있고, 실제 매출현황도 월별로 제시되어 있다. 여기에 프랜차이즈 비용까지 계산해 총 매출과 월 예상수익을 친절히 계산해 준다.

그런데 따로 계산할 필요도 없이 상세하게 나와 있지만, 여기

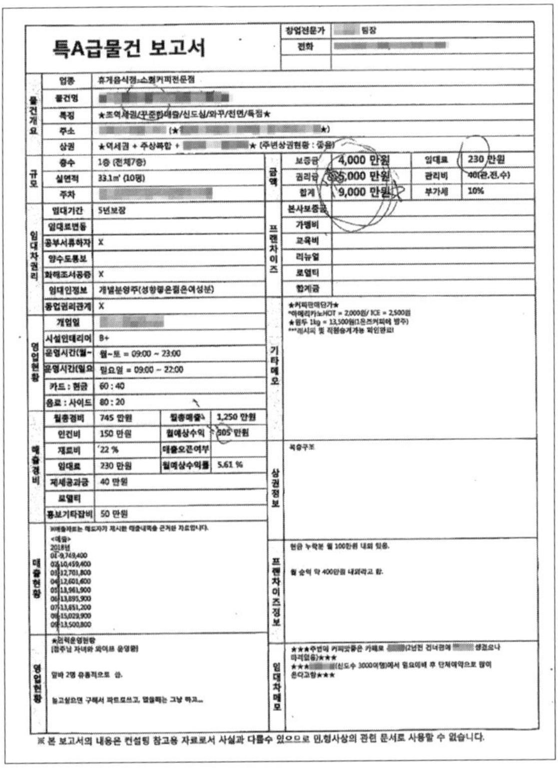

특A급물건 보고서

창업전문가	[redacted] 팀장
전화	[redacted]

구분	항목	내용
물건개요	업종	휴게음식점=소형커피전문점
	물건명	[redacted]
	특징	★초역세권/꾸준한매출/신도심/와꾸/전면/독점★
	주소	[redacted] (★[redacted]★)
	상권	★역세권 + 주상복합 + [redacted]★ (주변상권현황 : 좋음)
규모	층수	1층 (전체7층)
	실면적	33.1㎡ (10평)
	주차	[redacted]
임대차권리	임대기간	5년보장
	임대료변동	
	공부서류하자	X
	양수도통보	
	화해조서공증	X
	임대인정보	개별분양주(성향좋은젊은여성분)
	동업권리관계	X
영업현황	개업일	[redacted]
	시설인테리어	B+
	운영시간(월~	월~토 = 09:00 ~ 23:00
	운영시간(일요	일요일 = 09:00 ~ 22:00
	카드 : 현금	60 : 40
	음료 : 사이드	80 : 20

금액			
보증금	4,000 만원	임대료	230 만원
권리금	5,000 만원	관리비	40(관.전.수)
합계	9,000 만원	부가세	10%

프랜차이즈	
본사보증금	
가맹비	
교육비	
리뉴얼	
로열티	
합계금	

기타메모:
★커피판매단가★
*아메리카노HOT = 2,000원/ ICE = 2,500원
★원두 1kg = 13,500원(1은즈커피에 받주)
***레시피 및 직원승계가능 확인완료!

매출경비			
월총경비	745 만원	월총매출	1,250 만원
인건비	150 만원	월예상수익	505 만원
재료비	22 %	매출오픈여부	
임대료	230 만원	월예상수익률	5.61 %
제세공과금	40 만원		
로열티			
홍보기타잡비	50 만원		

상권정보: 복층구조

매출현황:
※매출자료는 매도자가 제시한 매출내역을 근거로 한 자료입니다.
<매출>
2018년
01-9,749,400
02-10,459,400
03-12,701,800
04-12,601,600
05-13,961,900
06-13,895,900
07-13,851,200
08-15,029,900
09-13,500,800

프랜차이즈정보:
현금 누락분 월 100만원 내외 있음.
월 순익 약 400만원 내외라고 함.

영업현황:
★인력운영현황
[점주님 자녀와 와이프 운영함]
알바 2명 유동적으로 씀.
놀고싶으면 구해서 파트로쓰고, 없을때는 그냥 하고...

임대차메모:
★★★주변에 커피맛좋은 카페로 [redacted](2년전 건너편에 [redacted] 생겼으나 타격없음)★★★
★★★[redacted](신도수 3000여명)에서 일요예배 후 단체예약으로 많이 온다고함★★★

※ 본 보고서의 내용은 컨설팅 참고용 자료로서 사실과 다를수 있으므로 민,형사상의 관련 문서로 사용할 수 없습니다.

서울의 한 카페 물건 보고서. 특A급이라고 써 있는 보고서에는 9천만 원을 투자하면 월 500만원이 넘는 수익이 난다고 계산하고 있다. 하지만 전문가들은 카페에서 현금 비중이 40%인 것은 현실성이 떨어지는 데다가 아메리카노의 단가가 2,000원으로 저렴한 상황에서 재료비가 22%에 불과하다는 점이 의심스럽다고 입을 모았다. 매출자료와 관련해서는 "매도자가 제시한 매출내역을 근거로 한 자료입니다"라고 쓰고, 문서 하단엔 "본 보고서의 내용은 컨설팅 참고자료로서 사실과 다를 수 있으므로 민·형사상의 관련 문서로 사용할 수 없습니다"라는 문구로 컨설팅업체가 책임에서 빠져나갈 장치를 마련해뒀다.

에 '함정'이 있다. 재료비와 인건비 등 각종 비용을 조금 낮추면, 매출을 그대로 두어도 예상수익을 손쉽게 높일 수 있어서다. 하나하나 비용이 맞는지 꼼꼼히 따져보지 않으면, 그럴싸해 보이는 고수익의 함정에 빠질 수 있다.

1억 원도 넘게 투자해 카페를 차렸다가 본전 생각에 폐업조차 마음대로 못한다는 한 자영업자는 "딱 한 달만 일해보면 업계를 제대로 이해할 수 있다. 아르바이트라도 해보라"고 권했다. 맞는 말이다. '창업물건 보고서'에만 의존하지 않기 위해서는 실제로 해당 업계에서 일을 해보는 방법을 추천한다.

기간에 대해서는 의견이 분분했다. 어떤 분은 최소 여섯 달은 일해 봐야 한다고 하는 등 기간은 3개월에서 최대 1년까지 다양했다. 계절적 특수성을 타는 업종이라면 그만큼 감안해서 기간을 정해야 한다. 투자한 기간만큼 더욱 세밀하고 정확하게 알게 될 것이다.

이런 조언을 했더니 나이가 지긋하신 예비창업자가 "나는 아르바이트 안 시켜줄 것 같다"고 하소연했다. 업계에서 직접 일해보는 것이 사정상 여의치 않다면, 본인이 하고 싶은 가게 앞에서 하루 날을 잡아 손님 수를 직접 세어보고 매출을 계산해보는 방법도 추천한다.

유동인구가 얼마나 되는지, 하루에 손님이 얼마나 드나드는지 시간을 투자한 만큼 정확하게 알 수 있을 것이다. 좀 더 공을 들인다면, 주말과 주중에 어떤 차이가 있는지도 알게 될 것이고, '창업물건 보고서'의 함정을 직접 찾아낼 수 있을 것이다. 발품을 파는 만큼 '창업물건 보고서'에는 없는 것들이 보인다.

이것보다 더 쉬운 방법을 원한다면, 해당 가게에서 오래 일했던 아르바이트생을 포섭하는 방법도 있다. 하루 매출이 얼마나 되는지, 계절마다 어떻게 다른지, 주인은 가게에 얼마나 나오는지 등 구체적인 정보를 얻을 수 있다. 이 정도 노력도 하지 않고, 망했을 때 남 탓만 할 수 있을까.

창업컨설턴트는 창업자의 매출이 좋지 않을 때 그것까지 책임지지는 않는다. 매출을 책임져야 하는 것은 여러분 스스로다. 소중한 재산을 위해 어디까지 알아보고 공부했나. 스스로 부족하다고 느낀다면, 아직 창업의 때는 오지 않은 것이다.

5장

고소득 자영업자가 10억을 단숨에 날리는 방법

1
신도시의 텅 빈 상가에는 왜 꼭 망해가는 약국이 있을까?

14억 원을 들여 신도시에 약국을 개업했지만 결국 폐업한 최준식(가명) 약사의 약국. 자료: 한겨레

자기 약국을 하고 싶어 자리를 알아보던 약사 최준식가명, 53세 씨는 약국 매물 중개 사이트를 통해 반듯하게 구획된 대로 사이로 아직은 황량한 건물들이 노려보듯 서 있는 경기도 화성 남양 신도시의 한 상가건물을 소개받았다. 약국 창업컨설턴트는 "내과, 소아과, 이

비인후과 그리고 정형외과까지 병원 4곳이 입점한다"고 했다. 점포 분양가는 7억 원이었고, 병원 1곳당 1억 원씩 총 4억 원의 '병원 지원금'을 내야 해서 모두 11억 원이 필요했다.

같은 층 다른 점포는 3억 원 정도에 분양하고 있었다. 하지만 이른바 '약국 자리'는 다른 점포의 4배 수준에 거래한다고 했다. 병원 지원금은 약국 자리에 입점하는 약사가 병원 입점을 대가로 지불하는 일종의 '독점 수수료'다.

최 씨는 망설였다. 그러자 컨설턴트는 병원과 건물 시행사가 맺은 5년짜리 임대차 계약서를 꺼내 들었다. "하루에 180건 이상 처방전이 보장되는 자리를 5년 이상 독점 운영할 수 있는 곳은 흔치 않다"며, "세브란스 출신의 유능한 원장이 4, 5층 전체를 자기 병원으로 임대했다"는 점을 거듭 강조했다.

컨설턴트는 "이 동네에 더 이상 이런 자리 없다"며 자기에게 1억 원의 수수료를 달라고 요구했다. 최 씨는 결국 컨설턴트 수수료를 4,500만 원으로 깎는 조건으로 계약했다. 인테리어 비용과 시설비까지 합쳐 약국 개설에 14억 원 가까이 들었는데, 그중 대출만 10억 원이 넘었다.

병원 공사는 최 씨가 약국 자리를 분양받은 이후 시작됐는데, 최 씨가 낸 병원 지원금 4억 원은 고스란히 병원 인테리어 비용으로 사용됐다. 최 씨는 건물주가 병원 입점 조건으로 병원 창업컨설팅업체에 10억 원을 주기로 했다는 것을 한참 뒤에야 알았다.

신도시 상가건물의 공통된 특징은 주 출입구 옆 점포에 약국이

들어선다는 점이다. 알 만한 사람은 다 아는 '약국 자리'다. 취재과정에서 돌아봤던 신도시 상가건물 점포 출입구들은 거의 예외 없이 '독점 약국 자리'였다.

'독점'의 의미는 여러 가지다. 우선 분양가가 시세의 몇 배, 다른 점포의 서너 배에 달한다. 그리고 병원 지원금을 따로 내야 한다. 지원금에도 차등이 있다. 처방전이 잘 나오는 내과·소아과·이비인후과는 1억~1억5천만 원, 나머지 과들은 5천만 원 안팎의 수준이다. 서너 개의 병원이 입점할 예정인 신도시 상가건물에서 약국을 하려면 최소 10억 원의 초기투자금이 필요하다. 이 돈이 바로 신도시 상가분양의 초기 '판돈'이다.

2
신도시가 작전지가 되는 이유

아직 분양이 덜 된 신도시 상가건물에 '약국 확정, 병원 특별 지원'이란 현수막이 걸려 있다면, 점포 분양가를 올리기 위한 '작전'이 실행되고 있다고 이해하면 된다.

경기도 시흥시의 상가건물 외벽에 '병원 특별 지원' 홍보 펼침막이 걸려 있다. 자료: 한겨레

병원은 신도시 상가분양을 설계하는 '만능키'다. 건물에 병원을 끌어들여 약사의 돈을 얹으면, 신도시 상가분양의 '판돈'이 만들어진다.

이 판돈을 끌어오는 데 가장 중요한 '선수'는 의사다. 의사만이 병원 임대차 계약을 할 수 있다. 신도시 상가분양 판에 '캐스팅'된 의사는 '배우'로 플레이한다. 배우가 된 의사들은 상가분양가의 10퍼센트를 '개런티'로 챙긴다. 10억 원짜리 약국이 들어서면 1억 원이 의사 몫이다. 의사는 병원 임대차 계약을 써주는 것만으로 판돈의 10퍼센트 정도를 수수한다.

신도시 상가건물에서 병원은 약사의 돈으로 만들어지고, 굴러간다. '자영업계의 귀족'이라고 불리는 전문직 자영업자가 신도시 상가분양의 불쏘시개로 전락한 셈이다.

건물주로선 손 안 대고 코 푸는 격이다. 병원 입점 결정은 그 자체로 다른 점포들의 분양가를 끌어올려 보통 평당 200만~300만 원 이상 높아지기 때문이다.

높은 분양가는 곧 건물의 가치 상승으로 이어진다. 병원이 들어선다고 해야 식당 자리가 팔리고, 그래야 다시 카페 자리가 팔린다. 병원에 다닐 유동인구를 반영해 분양가가 부풀려진다. 약사의, 식당 주인의, 피시방 사장의 돈이 건물주를 거쳐 병원 창업컨설팅업체로 흘러 들어가는 구조다. 병원 컨설팅업체는 의사가 '캐스팅'되기 전에 약사의 돈으로 과정을 진행해놓는다. 그리고 병원 인테리어 공사를 명목으로 수억 원의 공사비를 따로 챙긴다.

신도시 상가건물에서 의사가 하는 역할

취재 과정에서 만난 김병문가명, 60대, 서울 거주 씨는 노후를 위해 퇴직금을 투자할 곳을 찾고 있었다. 한 부동산 분양업체를 통해 병원 입점이 확정된 곳이라서 안정적으로 임대수익을 거둘 수 있다는 경기 화성 향남신도시의 8층짜리 신축건물을 소개받았다. 원장 이름으로 계약한 병원 임대차 계약서도 직접 확인했다. 이비인후과 전문의 ㄴ씨가 원장을 맡아 365일 쉬지 않고 운영하는 큰 규모의 병원을 연다고 했다. 365일 쉬지 않는 병원은 신도시 특성상 초기 홍보효과가 높아 병원이 자리잡는 기간이 줄어든다고 분양업체는 강조했다.

김 씨는 병원 자리라는 점포 300여 제곱미터를 분양받았다. 병원은 4개 층에 7개 과, 4천여 제곱미터 규모였다. 김 씨와 같이 임대차 계약이 완료된 병원 자리를 분양받은 사람은 모두 16명이었다. 컨설팅업체가 병원과 약국 입점을 먼저 섭외하고, 그 뒤에 '병원 자리'를 쪼개서 분양하는 방식이었다. 분양받은 사람들은 병원 입점이 확정됐으므로 매달 안정적으로 임대료를 받을 수 있을 것으로 기대했다.

그런데 병원이 7개월 만에 돌연 문을 닫았다. 임대료를 한 달치만 낸 뒤 전혀 내지 않아 분양을 받은 16명이 명도소송을 걸자 폐업한 것이다. 애초 7개 과를 열기로 했던 병원은 4개 과만 운영했을 뿐이었다. 분양자 16명은 병원 운영기간 동안 3억 원이 넘는 임대료를 받지 못했다. 병원 입점과 관련한 분양금액만 무려 130억 원이었다.

개업 7개월 만에 문 닫은 신도시 병원. 임대료를 한 달치만 낸 뒤 전혀 내지 않아 분양을 받은 16명이 명도소송을 걸자 폐업했다.

여기서 의사들은 한 약국 창업컨설턴트가 상가건물을 분양하기 위해 캐스팅한 '배우'였다. 의사를 섭외한 창업컨설턴트는 약사를 섭외했다. '독점 약국' 조건으로 무려 18억 원에 약국 자리를 분양했다. 약사의 돈으로 병원 인테리어가 시작됐고, '약국 확정 병원 특별 지원'이란 커다란 현수막이 내걸렸다. 그 현수막을 믿고 다른 상가들이 분양됐다. 건축업자는 병원이 들어올 자리를 쪼개 상가분양을 했다. 병원이 폐업하자 신기루 같던 신도시 상가건물의 회로가 아예 깨져버렸다. 약사는 20억 원 가까운 손해를 입었고, 점포에 투자한 이들은 수억 원씩을 날렸다. 하지만 누구도 책임지지 않았다.

3
이중, 삼중으로 계약하는 의사

"약국 '눈탱이' 쳐서 병원 짓는 거죠."

경기 남부권 한 신도시에서 신축건물을 분양하고 있는 분양업자는 씁쓸히 말했다. 사기를 당한 약사는 수십, 수백 명에 달한다.

취재과정에서 만난 피해 약사들은 한결같이 병원 개업이 "계약서와는 달랐다"고 말했다. 2개 층에 4개 과가 입점한다고 했지만, 진료실이 1개뿐이었던 사례도 있었다. 그리고 대부분 병원 개원 날짜가 지켜지지 않아 애를 태웠다.

병원 입점이 제대로 이뤄지지 않는 것을 항의하면, 건축주는 분양금액을 낮춰 계약서를 다시 쓰는 등의 방법으로 달래며 시간을 끌었다.

애초 개원할 의지가 없는 병원을 약사의 지원금으로 심는 형태라, 병원 인테리어 역시 형편없었다. 취재에서 만난 신도시 상가건물의 새 병원들은 신축에 어울리지 않는 중고 병상과 허술한 안내데스

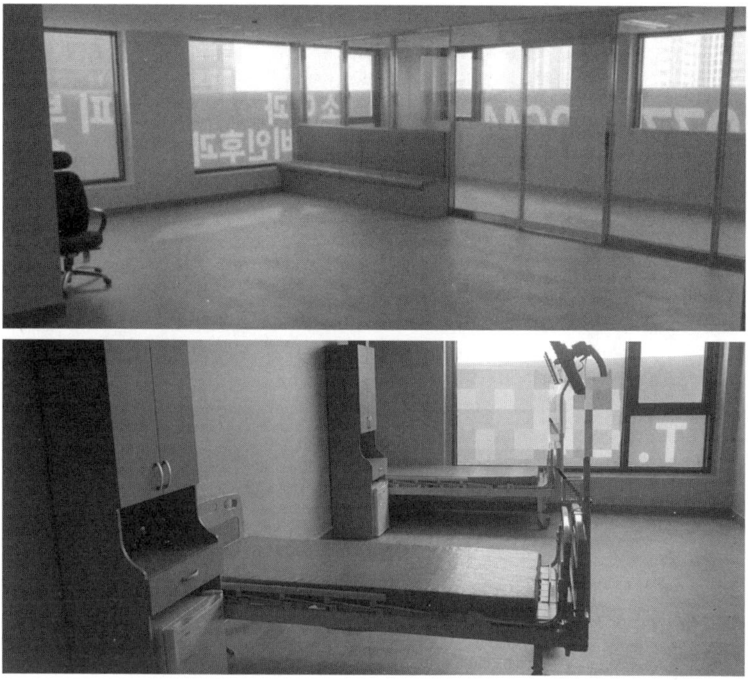

신도시에 꾸며진 병원. 이미 병원 입주 계약날짜가 지났는데도 허술한 안내데스크와 중고 병상 등이 듬성듬성 놓여 있다. 환자를 유인할 의료기기는 찾아볼 수 없다. 자료: 한겨레TV

크가 특징적이었다. 환자를 유인할 의료기기는 아예 없거나 기능하지 못했고, 심지어 개원한다는 원장의 얼굴조차 좀체 보기 어려운 경우도 있었다. 그 원장은 어디 있는 걸까.

시한폭탄과도 같은 신도시 병원 분양

취재로 확인한 바, 한 신도시 상가건물에서 130억 원대의 분양사기 회로를 돌렸던 의사는 그 건물에서 약 40여 킬로미터 떨어진 시흥

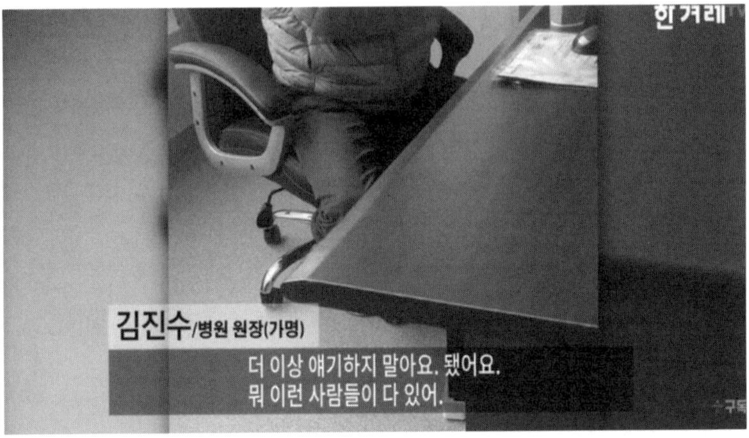

병원을 3중으로 계약한 원장은 취재진을 향해 "직접 약사에게 돈 받은 건 없다"며 오히려 역정을 내고 있다. 자료: 한겨레TV

시 배곧 신도시에서 또 다른 병원을 개원하고 있었다.

현행 법률상 의사는 병원을 한 곳만 운영할 수 있다. 하지만 원장은 태연했다. 상황을 설명하는 취재진을 향해 "여기 왜 왔냐, 뭐가 대수냐"고 오히려 역정을 냈다.

원장은 자신이 몇 개월 전에 개원한다고 했던 병원 이름이 바뀐 것조차 알지 못했지만 적반하장이었다. 사실상 협박조로 "내가 당신한테 직접 돈 받은 건 없지 않느냐. 약사도 점포 분양받으려는 사람도 나한테 돈을 준 게 아니지 않느냐. 다 돈 벌려고 들어온 것인데 왜 내 잘못이냐. 나는 건축주랑 계약대로 개업만 해주면 된다"고 말했다.

반전이 더 있었다. 이 원장의 개원을 기다리는 병원이 또 있었다. 경기도 용인 역북지구의 한 신축건물도 이 원장 명의로 병원 임대차

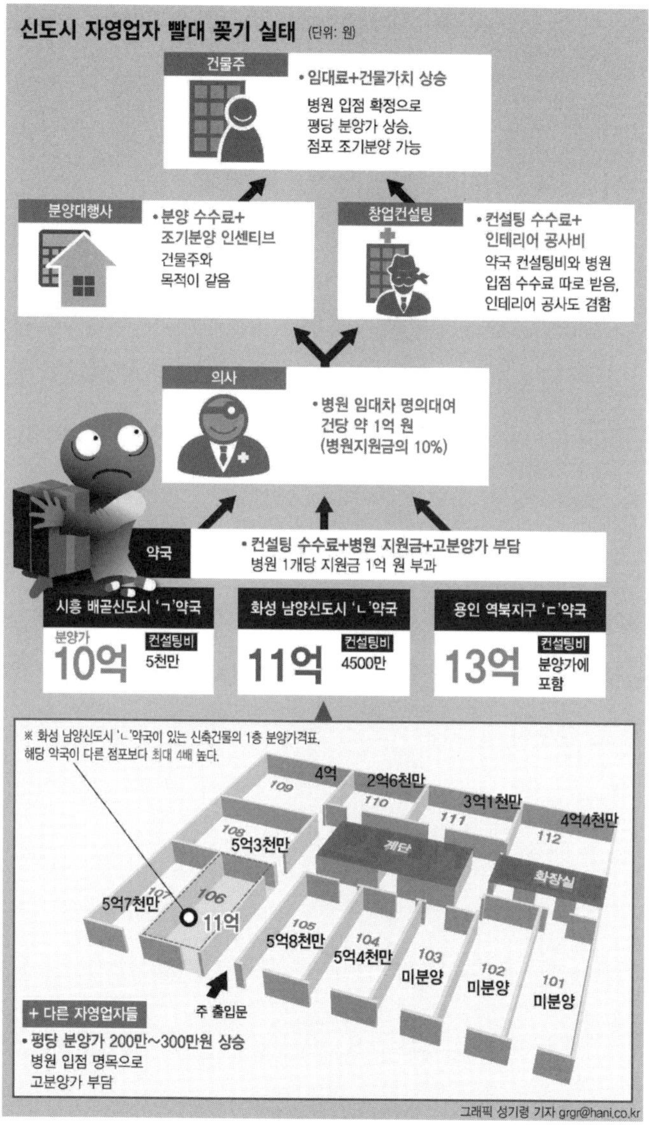

신도시에서 벌어지고 있는 자영업자 빨대 꽂기 구조도. 자료: 한겨레 인포그래픽

계약이 돼 있었다. 개원을 앞둔 곳과 50킬로미터 떨어진 곳이다. 그 병원 역시 '확정' 현수막만 걸어두고 약속된 개원 일자를 넘겨 분양을 이어가고 있었다. 그 건물의 다른 점포들도 병원 입점을 조건으로 분양됐다.

이런 방식의 상가분양에 가담하는 의사들은 주로 신용불량자나 70대 이상 노인, 빚이 많은 경우가 대부분이었다. 건물입지가 좋고 상가가 안정화되어 실제로 병원을 운영할 의사가 잘 구해지면 문제가 없지만, 현실은 경기 남부권 신도시들의 경우 공급초과 상태로 개발된 상황이라 시한폭탄을 안고 있는 셈이다.

병원 개업 현수막을 내걸어 두고 분양했다가, 실제로 진료를 볼 의사를 구하지 못하면 줄줄이 문제가 터질 수밖에 없다. 분양업자들은 최근 분양하는 대부분의 수도권 신도시가 이런 실정이라 "조마조마하다"고 말했다.

4
“병원은 준비됐으니 의사만 오세요”

〈한겨레〉 보도가 시작되고 경찰 등 수사기관은 신도시 상가건물의 분양실태에 대한 수사에 착수했다. 취재과정에서 만난 컨설팅업체에 ‘캐스팅’되어 배우로 활동했던 의사도 수사를 받았다.

이 의사는 〈한겨레〉와 만나 “명색이 세브란스 출신 의사인데, 멱살 잡혀 끌려다니는 기분을 아느냐”고 되레 하소연하기도 했다. 억울하단 것이었다. 이 의사는 “병원 인테리어 공사비를 제때 내지 못하게 되면서 인테리어업체 요청으로 여기저기 임

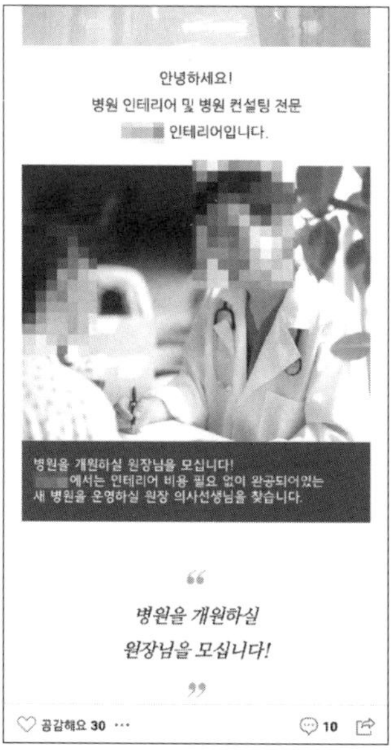

한 인테리어업체 홈페이지에는 인테리어 비용을 내지 않고도 개원할 원장을 찾는다는 글이 버젓이 올라와 있다. 이미 계약이 완료돼 지어지고 있는 병원 리스트까지 적혀 있다.

대차 계약서에 사인만 해준 것이 시작이었다"고 말했다. 자신 역시 컨설팅업체에 약점이 잡히고, 이후 캐스팅당해 어쩔 수 없이 끌려다녔다는 얘기였다.

컨설팅업체는 그에게 "일단 명의만 빌려주면, 다른 상가분양을 끝내고 나중에 의사를 따로 구하겠다"고 약속했다. 하지만 끝내 의사는 구해지지 않았고, 결과적으로 병원 개업은 사기가 됐지만 그건 자신의 책임은 아니라고 항변했다.

하지만 그 폐해는 너무 크다. 상가분양이 사기였음을 깨달은 한 약사는 약국 폐업을 결정하고 십수억 원대의 손해배상을 요구하는 소송을 진행 중이다. 병원 입점 약속을 믿고 비싼 임대료를 내고 들어온 편의점 주인은 인근에 지어지는 다른 상가 인부들에게 쌍화탕과 커피를 팔며 버틴다. 병원 입점 약속에 식당을 차린 사장님은 아예 "병원은 안 들어온다"고 단념했다. 약국 계약조건에 맞춰 병원 입점 흉내를 내던 분양팀과 컨설턴트는 떴다방 영업이 끝나자 모두 사라졌고, 또 다른 분양팀이 들어와 "곧 병원이 입점할 것"이라며 나머지 점포들을 팔고 있다.

건물분양 흥행의 보증수표

애초 신도시 건물분양에서 무상 임대료 혜택까지 받으면서 극진한 대접을 받던 것은 씨지브이CGV 등 프랜차이즈 극장이었다. 극장은 유동인구의 보증수표다. 극장 입점 확정은 다른 점포 분양을 촉진

한다. 하지만 스크린이 과포화 상태에 이르면서 그 자리를 '스타벅스' 등 다른 유명 프랜차이즈 점포들이 이어받았다. '스타벅스 빌딩'이란 말이 있을 정도니 스타벅스 입점은 건물분양 흥행의 보증수표다.

하지만 그 스타벅스마저 점포 확장에 한계가 생기자, 그 뒤를 이은 것이 병원이다. 현행법률상 의사가 명의를 빌려줘 병원을 설립해 주고 수수료를 챙기는 건 불법이다. 약사 출신인 우종식 변호사법무법인 규원는 "의사 면허를 빌려주는 행위는 명백한 의료법 위반이고, 약사에게 처방전 등을 대가로 금품을 받는 행위도 약사법 위반"이라며, "다른 자영업자들에게 병원이 들어올 것처럼 속이는 것이기 때문에 사기죄에 해당할 수도 있다"고 설명했다.

병원컨설팅업체가 인터넷에 올린 경기도 한 신도시의 병원 개원 홍보글. 해당 건물은 이미 '병원 입점 확정'으로 플래카드가 걸려 있는 상태였다.

병원 컨설팅업체들은 수도권 곳곳에서 유령 병원을 통한 건물분양의 판을 계획하고 설계하고 있었다. 수도권 한 신도시에선 아예 인테리어업체가 병원 컨설팅을 겸하는 경우도 있었다. 이들은 시행사와 건물주한테 접근해 "건물 2~4개 층에 병원을 입점시킬 테니 지원금을 달라"고 제안하고, 시행사와 건물주는 병원이 입점할 경우 분양가가 높아지고 다른 점포 분양률도 높아지게 되니 이런 제안이 반가울 수밖에 없다.

그런 판을 설계한 병원 창업컨설팅업체는 지금도 '이비인후과·소아과 전문의 입점 확정'이라고 광고 중이다. 이미 인테리어가 완료된 병원 사진을 내걸고 '인테리어 비용 필요 없이 새 병원을 운영하실 원장님'을 기다린다. 사실상의 '사무장 병원' 아래 또 다른 약사가 먹잇감이 될 것이고, 다른 자영업자들은 부풀려진 분양가에 신음할 것이다.

건물은 많고, 분양은 어렵다. 잇따라 미니 신도시급 택지개발이 이뤄진 상황에서 신도시 상가분양 시장을 중심으로 약사 등 전문직 자영업자들을 먹잇감으로 하는 창업컨설팅이 횡행하고 있다. 조물주 위에 건물주라고 했던가. 하지만 이제 의사, 약사와 같은 전문직 자영업자마저도 그 위에 창업컨설팅 회사가 있는 시대다.

Tip

'○○ 입점 확정' 플래카드를 믿지 마세요

모든 상가건물은 더 빨리, 더 비싸게 100퍼센트 분양하는 것을 지상과제로 한다. 이 지상과제 달성을 위해 건물 시행사, 분양업체, 창업컨설턴트들이 '팀'을 이룬다. '○○ 입점 확정' 플래카드는 그 팀이 투자자 현혹을 위해 운용하는 가장 기본적인 미끼다. ○○에 들어가는 문구는 여러 가지다. 신도시 상가분양의 경우 '병원, CGV, 스타벅스' 등이 ○○에 들어가는 대표적인 파워 테넌트power tenant, 즉 힘 있는 임차인들이다.

2000년 이후 지금까지 가장 큰 혜택을 받은 파워 테넌트는 CGV로 대표되는 프랜차이즈 극장이다. 극장은 유동인구의 보증수표나 다름없고, 입점만으로 다른 점포의 분양을 촉진한다. 그래서 대형건물의 경우 극장이 입점하면 무상 임대 혜택을 주거나 시설비 일부를 지원하기도 했다. 이 돈은 건축주의 선의에서 나올까? 당연히 아니다. 이런 비용은 극장이 입점하면 장사가 잘되리란 기대감으로 더 높은 임대료를 감당하는, 다른 상가 임차인들의 주머니에서 나온 비용인 경우가 대부분이다.

하지만 스크린이 과포화 상태에 이르면서 극장 입점이 더 이상 상가분양의 흥행 보증수표가 되지 못하고 있는 것이 현실이다.

그 뒤를 차지한 것이 '스타벅스'로 대변되는 유명 프랜차이즈 점포들이다. 스타벅스나 맥도날드는 철저한 입지 수익성 분석을 통해 점포를 운영한다. 그래서 다른 자영업자들은 스타벅스와 맥도날드 등이 입점 확정되었다는 것을 곧 상권분석이 끝난 유리한 입지라고 착각하기 쉽다. 물론 스타벅스는 소매업의 최강자로 목 좋은 상권, 장사 잘되는 입지에 자리잡기 마련이다.

하지만 아마존 최고경영자 제프 베이조스가 돈을 벌어 지구인 평균 수입이 높아진들 나의 수입이 늘어나지는 않는 것과 마찬가지로, 스타벅스와 같은 프랜차이즈 점포가 입점한들 내 가게가 잘되리란 보장은 없다. 오히려 '스타벅스 입점 확정' 플래카드는 그 건물 점포의 임대료를 끌어올리는 구실이 되고, 결과적으로 건물주의 이익에 복무할지는 몰라도, 스타벅스 옆 가게의 현실은 높은 임대료로 인해 더 참혹해지곤 한다.

'병원 입점 확정'은 최근 신도시 상가건물에서 들불처럼 유행하고 있는 분양방식이다. 일차적으로는 '약사'에게 높은 임대료를 전가하는 사기술이지만, 궁극적으로는 그 건물에 입주하는 모든 점포가 피해를 입게 된다. 병원은 어린이를 동반한 주부의 방문이 잦을 수밖에 없고, 이렇게 되면 상권 형성이 유리하리란 심리를 자극하는 이런 플래카드가 내걸린 건물은 거의 100퍼센트 '건축주-분양팀-컨설턴트'가 덫을 짜놓은 것이고, 덥석 미끼를 물고 입점하는 순간 수억 원에서 수십억 원의 피해를 입을 수도 있음을 기억해야 한다.

이런 건물들은 보통 분양대행사나 시행사가 '의원 입점 계약서'를 보여주며 약사를 섭외하고, 섭외된 약사는 '독점 약국'이란 조건으로 많게는 십수억 원에 달하는 병원 인테리어 비용을 지불한다. 다른 점포 자리 역시 이렇게 덫을 놓아 입점시킨 '병원'과 '약국'을 매개로 상대적으로 높은 임대료 조건에 분양되기 마련이다.

호구가 될 약사를 기다리는 이런 방식의 상가분양은 자칫 사기성 매물이 될 가능성이 높아 주의가 필요하다. 입점하기로 한 병원이 제대로 개원하지 않으면 건물 자체가 황폐화하거나, 제대로 된 상권 형성까지 수년 이상 걸릴 수 있기 때문이다. '병원 입점 확정' 건물에 분양을 받아야 한다면 병원 입점 진료과목 개수 및 종류, 정확한 개원 시점, 전문의 여부 등을 꼼꼼하게 확인하고, 가능하다면 병원을 개원하기로 한 의사가 누구인지까지 점검해 보는 것이 안전하다.

6장

권리금의 진실과 거짓말

1
창업컨설팅업계의 생존 근거, 권리금

창업컨설팅업체가 생존할 수 있는 근거는 '권리금'이다. 권리금 거래가 안 되는 매장은 취급조차 하지 않는다. 그렇다면 권리금이 뭘까? 상가임대차보호법에서 정의하는 권리금은 다음과 같다.

> ① 권리금이란 임대차 목적물인 상가건물에서 영업을 하는 자 또는 영업을 하려는 자가 영업시설·비품, 거래처, 신용, 영업상의 노하우, 상가건물의 위치에 따른 영업상의 이점 등 유형·무형의 재산적 가치의 양도 또는 이용 대가로서 임대인, 임차인에게 보증금과 차임 이외에 지급하는 금전 등의 대가를 말한다.
> ② 권리금 계약이란 신규 임차인이 되려는 자가 임차인에게 권리금을 지급하기로 하는 계약을 말한다.

대법원에서는 권리금을 "영업시설·비품 등 유형물이나 거래처, 신용, 영업상의 노하우know-how 혹은 점포 위치에 따른 영업상의 이점 등 무형의 재산적 가치의 양도 또는 일정기간 동안의 이용 대가"로 보고 있다 대법원 2002년 7월 26일 선고 2002다25013 판결.

한마디로 정리하면, '권리금'은 새로운 임차인이 이전 임차인에게 관행적으로 주는 돈을 뜻한다. 창업컨설팅업체는 새 임차인과 이전 임차인과의 '깜깜이 권리금 거래'를 이끌어내어 그 차액으로 기생한다. 권리금이 없는 매장은 거래조차 하지 않는 이유가 여기에 있다. 창업컨설팅업체는 수도권 주요 상권만 대상으로 작업한다.

권리금의 종류

업계에서는 권리금을 크게 세 가지로 분류해 계산한다. 영업권리금, 바닥권리금 혹은 지역 권리금, 시설권리금이다.

영업권리금은 장사가 잘되면 수익이 보장되므로 거래처, 신용, 영업상 노하우 등을 대가로 주는 돈이다. 장사가 잘되는 중국집을 인수해 배달 전화번호를 그대로 받는 등의 대가다. 보통 한 해의 순익을 영업 권리금으로 요구하는 경우가 많다. 회원제로 운영되는 학원이나 헬스장, 독서실 등의 경우에는 회원 수로 영업권리금을 계산한다. 약국의 경우에는 처방전 개수가 근거가 된다.

시설권리금은 영업시설과 비품, 인테리어 등을 넘겨받는 대가다. 기간에 따라 감가상각해 계산한다. 양도인의 경우 들어간 돈으로 따져 계산하려고 들지만, 비교적 계산이 명확해 그나마 분쟁이 적다. 인테리어를 새로 해서 들어오는 경우에는 시설권리금을 받을 수 없고, 오히려 철거비용까지 써야 하기 때문에, 새로운 양수인이 '기존 매장을 인수'하는 것을 선호한다.

바닥권리금지역 권리금은 한마디로 표현하면 '자리 프리미엄'이다. 점포가 자리한 곳이 역세권이나 유동인구가 많은 등 지리적 이점으로 덧붙여지는 프리미엄이다. 일반적으로 지역권리금은 임대인이 누리는 게 맞다. 그러나 창업컨설팅업계에서는 이 돈을 전 임차인이 새 임차인에게 요구하기도 한다. "여긴 강남역 근처라 권리금이 비싸다. 그래서 나도 비싸게 들어왔으니 나한테 내라"는 논리다. 이는 논리적으로 맞지 않지만 여전히 관행적으로 이어져오고 있다.

표준적인 계산법조차 없다

크게 세 가지로 분류하기는 했지만, 창업컨설턴트로 위장 취업했을 당시 그 업계에서 10년이 넘게 일했다던 이사도 권리금을 어떻게 계산해야 하는지에 대해서는 정확히 답해주지 않았다. 아니 계산법조차 없었다. "고객의 권리금을 얼마만큼 깎아야 할지 모르겠다"고 하소연하자, 돌아온 대답은 "무조건 많이 깎을수록 좋다"였다. '권리금'을 기반으로 장사를 하지만, 표준적인 계산법 자체가 존재하지 않았다.

이들이 권리금을 '대략' 계산하는 방법은 다음과 같다. 먼저, 이전에 권리금을 얼마 내고 들어왔는지 물어본다. 업계에서는 이것이 가장 합리적인 기준이다. 창업컨설턴트는 무조건 이것보다는 낮게 파는 것이 목표다. 더 높이길 원할 경우 일절 거래에 응하지 않는다. 이것을 시세로 보고 더 낮춘 뒤, 그 차액을 수수료로 챙기는 것이 보통이다. 물론 주변 시세도 고려한다. 인근의 가게도 함께 알아볼 가능성에 미리 대비하기 위해서다.

둘째, 처음 개업했거나 공실인 상태에서 권리금 없이 들어갔을 경우, 처음에 투자한 돈에서 감가상각한다. "처음에 인테리어 얼마에 하셨어요?", "시설이나 집기는 그대로 두고 가실 건가요?" 등을 물어 '시설권리금'을 계산한다. 자리만 넘기는 것이 아닌, 업종을 그대로 넘겨줄 경우 권리금을 높여 받을 수 있는 가능성이 커진다.

셋째, 얼마를 받고 싶은지 물어본다. 무조건 높게 부를 테니 여기서 깎을 수 있을 만큼 깎은 뒤 판매한다. '어디까지'라는 기준도 없다. "2억 원짜리도 무권리로 만들 수 있다"고 입버릇처럼 말하듯, 어쨌든 목표는 무권리다. 무권리로 가면 갈수록 높은 수수료를 이끌어낼 수 있다. 현실적으로는 보통 절반 안팎으로 깎은 뒤부터 손님을 붙인다.

여기서 장사가 잘될 경우에는 유효고객 수회원제일 경우 회원 수 등을 프리미엄으로 붙이기도 한다. 하지만 창업컨설팅업체를 통해 파는 매장은 사정상 매매가 급하지 않고서는, 대부분 장사가 생각만큼 되지 않아 매매하는 경우이므로 현실적으로 프리미엄을 붙일 수 있는 곳이 그리 많지 않다. 그런데도 신규 오픈해 저렴한 가격에 최대 1년까지의 회원권을 판매한 뒤, 그를 근거로 높은 가격의 '유효고객 수' 프리미엄을 붙여 판매하는 곳도 있으니 각별히 주의해야 한다.

2
‘김밥집’이 ‘휴대폰 가게’로 바뀌는 데 권리금만 수천만 원

어디에도 없는 권리금의 기준

“전혀 다른 업종을 창업하는데, 왜 권리금을 이전 임차인에게 줘야 하는 거죠?”

휴대폰 대리점 개업 준비를 하던 정순호가명 씨는 도무지 이해할 수 없는 일이 있다고 했다. 김밥집을 하던 가게를 얻으려 했는데, 창업컨설팅업체에서 5천만 원의 권리금을 요구했던 것. 전혀 다른 가게여서 오히려 인테리어 비용이 추가로 들어가는 상황에서 부담이 컸다.

“김밥집 손님이 휴대폰 가게로 이어지는 것도 아니고, 기존 시설물이나 인테리어는 하나도 쓸모가 없는데, 왜 5천만 원이나 되는 돈을 그것도 전 임차인에게 줘야 하는 건가요?”

항의하는 정 씨에게 창업컨설턴트는 역세권 상가에 1층 출입구 옆자리인 만큼 자릿세에 해당하는 프리미엄이 붙는다고 설명했다. 권리금은 임대인이 아닌 '같은 방식으로 권리금을 내고 들어온' 임차인에게 줘야 한다고 했다. 임차인이 좋은 장소에 들어오기 위해 지불했던 돈을 그대로 돌려받아서 나가는 그런 개념이니, 나중에 정 씨도 돌려받게 될 것이라고 설명했다.

이에 정 씨는 "바닥권리금은 임대인에게 주는 것이 아니냐. 이미 자릿세 등이 반영된 비싼 임대료와 보증금을 냈다"고 항변했지만 소용이 없었다. 창업컨설턴트는 정 씨의 말에 코웃음만 쳤다.

"어디 그렇게 하는 데가 있나 가보세요. 관행이 그렇습니다. 그렇게는 가게 못 얻어요."

권리금에 대한 기준이 없다 보니, 실제로 이런 일이 비일비재하다. 권리금 액수에 따라 창업컨설팅 수수료가 결정되기 때문에 무리한 권리금을 요구하기도 한다. 관행화된 구조에서 업종을 바꾸더라도 자리가 괜찮을 경우, 무권리로 가게를 얻는 것은 쉽지 않다.

하지만 과도한 자릿세를 요구한다면, 예상수익과 임대료 등으로 계산해봤을 때 오히려 적자가 아닌지를 꼼꼼히 살펴서 결정해야 한다. "다들 그렇게 주고 들어와요"라는 말만 믿고 수천만 원을 건넸다가 개업 후 오랜 기간 적자에 허덕일 수도 있다. 권리금은 법적으로도 반환 의무가 없어 뒤늦게 과한 권리금을 줬다는 사실을 알게 돼도 돌려받을 방법이 없다.

가게를 열어서 낸 매출로 언제쯤 내가 낸 권리금을 회수할 수 있을지 꼼꼼히 계산기를 두드려봐야 한다. 보통 1년 정도의 순수익 합계를 내어 적정 권리금 여부를 판단하는데, 대출 등을 받을 경우 최소 1년간은 수입이 아예 없다는 점을 명심해 인수 여부를 결정해야 한다.

"장사가 안 되면 그 가격으로 팔아드릴 테니 걱정 마세요."

높은 권리금으로 고민하고 있을 때 창업컨설턴트들이 던지는 단골 멘트다. 권리금을 그대로 돌려받을 수 있게 팔아줄 테니, 걱정하지 말고 일단 시작하라는 말이다.

하지만 이 말에 당했다는 피해자들이 정말 많다. 다시 팔기 위해 연락하면 "장사가 안 돼서 파는 거면서 권리금을 그대로 받으시려고 하면 안 되죠"라며 권리금을 후려쳐놓고, 같은 금액으로 판 뒤 높은 수수료를 챙긴 사례도 많다. 나갈 때 내가 낸 권리금만큼은 받을 수 있을 것이라는 기대는 버려야 한다. 나중에 권리금을 한푼도 못 받더라도 수익만으로 만회할 수 있는지를 따져야 한다.

창업컨설턴트들은 심지어 '공실비어 있는 가게'에까지 일부 집기를 처분해주겠다며 수백만 원 상당의 권리금을 붙이기도 한다. 폐업하려는 업주에게 접근해 "일단 문만 열어두면 권리금을 받아주겠다"고 유혹하는 경우도 있다. 공실이 되면 가치가 급락하기 때문에 컨설턴트 입장에서는 최대한 폐업 전에 팔아넘기려고 하지만, 그게 안 될 경우에는 공실이 된 뒤에도 잘 모르는 구매자에게 판매하기도 한다. 공실에 권리금 작업을 하는 것은 수수료를 받아먹기 위한 '사기'에 가깝다. 이 경우에는 지역 부동산을 통해 무권리로 거래하는 것이 권리금 피해를 막는 방법이 될 수 있다.

권리금 장사에 뛰어드는 자영업자들

권리금의 속성을 이용해 자영업자들이 직접 권리금 장사에 뛰어들기도 한다. 권리금 없이 공실로 가게를 얻어 몇 달만 운영한 뒤 높은 권리금을 붙여 되파는 방법이다. 한 인터넷 자영업 카페에는 "옷가게를 열어두기만 해도, 권리금을 최소 1천만 원 이상은 그냥 받는다"는 팁이 올라와 있기도 하다.

대표적으로 무려 억대의 권리금이 책정되어 있는 약국의 경우 자리 장사가 더 치열하다. 실제로 인천에서는 2년여 동안 8개 약국을 옮겨다니며 권리금을 챙긴 이른바 '메뚜기 약사'로 인해 지역 약사들이 큰 피해를 입기도 했다. 메뚜기 약사가 수억 원의 권리금을 챙긴 뒤 인근 건물에서 약국을 개업하는 일도 벌어진다. 약사로 일하는 것보다 개업한 뒤 팔아넘기는 게 훨씬 이득이라는 계산인데, 안타깝게도 발각되더라도 마땅히 처벌할 방법이 없는 상황이다.

3
새로 개정된 법이 내 권리금을 지켜줄까?
– 상가임대차보호법 뜯어보기

"그래도 이제 상가임대차보호법이 강화됐으니까, 권리금도 완전히 보호받을 수 있는 것 아닌가요? 나갈 때 받을 수 있도록 법이 바뀌었다던데."

기자에게 이런 질문을 하는 예비 자영업자들이 참 많았다. 상가임대차보호법에 임차인의 권리금 회수 보호 등에 대한 규정이 처음 신설된 것은 2015년이다. 그동안 권리금이 음성적으로 거래돼오다 처음으로 합법화돼 법적으로 보호받게 된 것이다. 임대인에게 권리금 회수기회를 보장하도록 의무를 부과하고, 지키지 않아 손해가 발생했을 경우 책임을 묻도록 했다.

10조의4 권리금 회수기회 보호 등 ① 임대인은 임대차 기간이 끝나기 3개월 전부터 임대차 종료 시까지 다음 각 호의 어느 하나에 해당하는 행위를 함으로써 권리금 계약에 따라 임차인이 주선한 신규임차인이 되려는 자로부터 권리금을 지급받는 것을 방해하여서는 아니 된다. 다만, 제10조 제1항 각 호의 어느 하나에 해당하는 사유가 있는 경우에는 그러하지 아니하다.

1. 임차인이 주선한 신규임차인이 되려는 자에게 권리금을 요구하거나 임차인이 주선한 신규임차인이 되려는 자로부터 권리금을 수수하는 행위
2. 임차인이 주선한 신규임차인이 되려는 자로 하여금 임차인에게 권리금을 지급하지 못하게 하는 행위
3. 임차인이 주선한 신규임차인이 되려는 자에게 상가건물에 관한 조세, 공과금, 주변 상가건물의 차임 및 보증금, 그 밖의 부담에 따른 금액에 비추어 현저히 고액의 차임과 보증금을 요구하는 행위
4. 그 밖에 정당한 사유 없이 임대인이 임차인이 주선한 신규임차인이 되려는 자와 임대차 계약의 체결을 거절하는 행위

③ 임대인이 제1항을 위반하여 임차인에게 손해를 발생하게 한 때에는 그 손해를 배상할 책임이 있다. 이 경우 그 손해배상액은 신규임차인이 임차인에게 지급하기로 한 권리금과 임대차 종료 당시의 권리금 중 낮은 금액을 넘지 못한다.

④ 제3항에 따라 임대인에게 손해배상을 청구할 권리는 임대차가 종료한 날부터 3년 이내에 행사하지 아니하면 시효의 완성으로 소멸한다.

⑤ 임차인은 임대인에게 임차인이 주선한 신규임차인이 되려는 자의 보증금 및 차임을 지급할 자력 또는 그 밖에 임차인으로서의 의무를 이행할 의사 및 능력에 관하여 자신이 알고 있는 정보를 제공하여야 한다.

권리금 회수기회를 주지 않을 '정당한 사유'

그렇다고 무조건 다 보호를 받을 수 있는 것은 아니다. 다음의 네 가지 이유가 있을 경우, 권리금 회수기회를 주지 않을 '정당한 사유'로 본다.

여기서 꼼수가 등장하기도 한다. 법 개정으로 예전처럼 건물주가 장사가 잘되는 매장을 '빼앗아'가는 일은 이제 벌어질 수 없지만, 건물 리모델링 등을 이유로 계약기간도 다 채우지 못하고 권리금 한 푼 못 받고 내쫓기는 사연들이 여전히 많다. 계약 전에 임대인을 만나 재계약 여부 등을 꼼꼼히 확인해야 한다. 확인한다고 탈이 생기지 않는 것은 아니지만, 어느 정도는 대비할 수 있다.

10조의4 권리금 회수기회 보호 등 ② 다음 각 호의 어느 하나에 해당하는 경우에는 제1항 제4호의 정당한 사유가 있는 것으로 본다.

1. 임차인이 주선한 신규임차인이 되려는 자가 보증금 또는 차임을 지급할 자력이 없는 경우
2. 임차인이 주선한 신규임차인이 되려는 자가 임차인으로서의 의무를 위반할 우려가 있거나 그 밖에 임대차를 유지하기 어려운 상당한 사유가 있는 경우
3. 임대차 목적물인 상가건물을 1년 6개월 이상 영리 목적으로 사용하지 아니한 경우
4. 임대인이 선택한 신규임차인이 임차인과 권리금 계약을 체결하고 그 권리금을 지급한 경우

2018년에 법이 한 번 더 강화됐다. 권리금 회수기회 보호기간이 임대차 기간 만료 3개월 전에서 6개월 전으로 확대된 것이다. 3개월이라는 기간이 촉박할 수 있는 만큼 임차인의 권리금 회수기회 보호를 강화한 것으로 볼 수 있다.

> 제10조의4 권리금 회수기회 보호 등 ① 임대인은 임대차 기간이 끝나기 6개월 전부터 임대차 종료 시까지 다음 각 호의 어느 하나에 해당하는 행위를 함으로써 권리금 계약에 따라 임차인이 주선한 신규임차인이 되려는 자로부터 권리금을 지급받는 것을 방해하여서는 아니 된다.

상가임대차보호법은 코로나19로 벼랑 끝에 몰린 자영업자를 보호하는 방향으로 개정되는 추세다. 2020년 9월 국회는 6개월에 한해 임대료를 못 내도 계약을 해지하지 않도록 임대차보호법 임시 특례를 만들었다. 하지만 코로나 장기화 속에 2021년 3월 임시 특례 기간이 끝나자, 계약해지 통보를 받는 등 임대인과 임차인의 다툼은 오히려 늘고 있는 점은 안타까운 대목이다. 임대인도 언제까지나 임대료를 받지 못할 수는 없다는 입장이다. 코로나가 장기화되는 상황에서 분쟁을 줄일 수 있는 보다 세심한 정책이 필요해 보인다.

2021년 8월 법무부는 정부의 영업제한 조치 등 코로나19 확산 방지대책의 여파로 폐업신고를 한 자영업자에게 임대차 계약을 중도에 해지할 수 있도록 하는 '계약 해지권' 신설을 추진하고 있다. 기존에는 폐업을 하더라도 자영업자들이 법원에서 파산선고를 받기 전까지는 건물주에게 임대료를 지급해야만 했다. 법안 개정 하나로 코로나19에 신음하는 자영업자들의 눈물을 모두 닦아줄 수는 없겠지만 구제범위가 넓어진다는 데 의의가 있다.

제10조의9 계약 갱신요구 등에 관한 임시 특례 임차인이 이 법법률 제17490호 상가건물 임대차보호법 일부 개정법률을 말한다 시행일부터 6개월까지의 기간 동안 연체한 차임액은 제10조제1항제1호, 제10조의4제1항 단서 및 제10조의8의 적용에 있어서는 차임연체액으로 보지 아니한다. 이 경우 연체한 차임액에 대한 임대인의 그 밖의 권리는 영향을 받지 아니한다.

유통산업발전법을 적용받지 않는 예외 점포

범위도 확대됐다. 기존에는 전통시장은 권리금 회수기회 보호규정을 적용하지 않았는데, 2018년 개정돼 법으로 보장받을 수 있게 됐다. 하지만 대규모 점포 또는 준대규모 점포의 경우 여전히 적용을 받지 않는다. 유통산업발전법에서 정하는 대규모 점포는 3,000제곱미터 이상의 대형마트, 전문점, 백화점, 쇼핑센터, 복합쇼핑몰 등을 의미하고, 준대규모 점포는 대규모 점포를 경영하는 회사 또는 그 계열회사가 직영하는 점포를 일컫는다. 업계 용어로 '특수점포'라고 불리는 곳들이다. 여전히 법적으로 권리금을 보호받지 못하는 예외조항임을 계약 전에 반드시 명심해야 한다.

이런 매장은 권리금 개념 없이 들어가야 하는 매장이라는 점을 잊어서는 안 된다. 혹여 여건상 권리금을 주고 들어갈 수밖에 없는 상황에 놓이더라도, 돌려받지 못할 수 있다는 마음의 준비를 미리 해야 한다. 돌려받지 못할 경우에도, 수익이 커 손해가 아닐 경우에만 들어가길 권한다. "여기는 안정된 매장이기 때문에 팔려고 마음만 먹으시면 무조건 권리금은 받으실 수 있어요", "대기업인데 쫓겨날 일이 있겠어요?"라는 것이 창업컨설턴트의 단골 멘트인데, 제발 속는 사람이 없었으면 하는 마음이다. 그들은 수수료만 챙기면 이후 일에 대해서는 아무것도 책임지지 않는다.

제10조의5 권리금 적용 제외 제10조의4는 다음 각 호의 어느 하나에 해당하는 상가건물 임대차의 경우에는 적용하지 아니한다.

1. 임대차 목적물인 상가건물이 「유통산업발전법」 제2조에 따른 대규모 점포 또는 준대규모 점포의 일부인 경우 다만, 「전통시장 및 상점가 육성을 위한 특별법」 제2조제1호에 따른 전통시장은 제외한다
2. 임대차 목적물인 상가건물이 「국유재산법」에 따른 국유재산 또는 「공유재산 및 물품 관리법」에 따른 공유재산인 경우

권리금이 법적 테두리 안으로 들어오긴 했지만, 신고를 의무화하고 있지 않기 때문에 음성적인 거래가 여전하다. 가장 큰 이유는 세금이다. 창업컨설팅업체에서 사용하는 계약서는 계약자 보관용으로만 사용될 뿐, 계약자가 합의해 대부분 세무서에 신고조차 하지 않는다. 창업컨설팅업체도, 권리금을 받은 전 임차인도 원하지 않아서다. 새 임차인이 신고를 원할 경우, 대신 권리금을 낮춰주는 방식으로 신고를 피해 가는 경우가 다반사다.

2020년 표준권리금계약서가 임대차 분쟁 예방에 도움이 되도록 법무부장관과 국토교통부장관이 협의해 서식을 정하도록 개정했다. 하지만 여전히 사용을 강제하지는 않고 '권장'만 하는 것은 달라지지 않았다.

제10조의6 표준권리금계약서의 작성 등 국토교통부장관은 법무부장관과 협의를 거쳐 임차인과 신규임차인이 되려는 자의 권리금 계약 체결을 위한 표준권리금계약서를 정하여 그 사용을 권장할 수 있다.

권리금 분쟁을 조정해주는 분쟁조정위원회

권리금이 분쟁으로 비화하는 경우는 대부분 냈던 권리금을 돌려받지 못하게 될 때이다. 법정분쟁으로 가기 전에 중재할 수 있는 기관이 있는데 바로 '상가건물임대차 분쟁조정위원회'다. 분쟁 대상에는 '권리금'도 포함돼 있다. 수수료도 조정목적 값에 따라 최소 1만 원에서 최대 10만 원으로 부담이 적고, 기간도 60일 이내에 마치도록 되어 있어 법적분쟁보다 신속하다.

분쟁조정위의 기능을 강화하는 법 개정이 2020년에 이뤄지기도 했다. 분쟁을 보다 신속하고 전문성 있게 조정할 수 있도록 분쟁조정위를 확대 설치하도록 한 것이다. 법률구조공단 지부 외에도 한국토지주택공사LH, 한국감정원도 분쟁조정위 운영기관으로 추가해 기관의 전문역량을 활용하도록 했다.

제20조 상가건물임대차분쟁조정위원회 ① 이 법의 적용을 받는 상가건물 임대차와 관련된 분쟁을 심의·조정하기 위하여 대통령령으로 정하는 바에 따라 「법률구조법」 제8조에 따른 대한법률구조공단의 지부, 「한국토지주택공사법」에 따른 한국토지주택공사의 지사 또는 사무소 및 「한국감정원법」에 따른 한국감정원의 지사 또는 사무소에 상가건물임대차분쟁조정위원회 이하 "조정위원회"라 한다를 둔다. 특별시·광역시·특별자치시·도 및 특별자치도는 그 지방자치단체의 실정을 고려하여 조정위원회를 둘 수 있다.

② 조정위원회는 다음 각 호의 사항을 심의·조정한다.

1. 차임 또는 보증금의 증감에 관한 분쟁
2. 임대차 기간에 관한 분쟁
3. 보증금 또는 임차상가 건물의 반환에 관한 분쟁
4. 임차상가 건물의 유지·수선 의무에 관한 분쟁
5. 권리금에 관한 분쟁
6. 그 밖에 대통령령으로 정하는 상가건물 임대차에 관한 분쟁

③ 조정위원회의 사무를 처리하기 위하여 조정위원회에 사무국을 두고, 사무국의 조직 및 인력 등에 필요한 사항은 대통령령으로 정한다.

④ 사무국의 조정위원회 업무담당자는 「주택임대차보호법」 제14조에 따른 주택임대차분쟁조정위원회 사무국의 업무를 제외하고 다른 직위의 업무를 겸직하여서는 아니 된다.

조정위원회의 한계

하지만 권리금에 대한 분쟁은 주로 소송을 통해서 해결되고 있는

것이 현실이다. '권리금' 문제는 당장 자영업자의 생계와 밀접한 관련이 있어 신속한 해결이 필요하지만, 소액사건심판법도 적용되지 않는다. 대부분 재판에만 수년 이상의 시간이 걸려 그 피해가 영세 임차인에게 가중되는 경우가 많다. 판결이 나기까지 손해를 스스로 감당해야 해서다.

이는 조정위의 한계 때문이라는 지적이 많다. '피신청인이 조정절차에 응하지 아니한다는 의사를 통지하거나 조정신청서를 송달받은 날부터 7일 이내에 아무런 의사를 통지하지 아니한 경우' 각하하도록 되어 있어서다. 상대방이 원치 않는 경우 조정위는 열릴 수 없는 것이다. 2017년부터 2019년까지 처리된 5,764건의 37.26퍼센트인 2,148건이 각하 종결된 것을 보면 알 수 있다.

하지만 2020년 5월 법 개정안이 국회 본회의를 통과하면서 조정신청이 있으면 지체 없이 조정절차가 개시되도록 변경됐다. 또한 '피신청인이 조정신청서를 송달받은 날로부터 7일 이내에 아무런 의사를 통지하지 않은 경우'를 삭제하고, 그 기간을 조정 당사자가 충분히 숙고할 수 있도록 수락 의사를 표시하는 기간으로 만들었다. 강화된 법안이 소상공인의 아픔을 덜 수 있도록 많은 홍보도 병행되었으면 하는 바람이다.

4
"난 내고 들어왔는데…" 천덕꾸러기 권리금

권리금 피해의 대부분은 명확하지 않은 권리금 산정에서 온다고 해도 과언이 아니다. 명확한 기준이 없기에 창업컨설팅업체들이 '부르는 게 값'이라며 계속 영업을 이어올 수 있었다.

위장 취업 당시 창업컨설턴트들은 "절대 권리금은 사라질 수가 없어. 들어온 사람은 냈는데 안 받고 나갈 수가 없지. 투명하게 공개도 안 되고. 우리 사업구조가 계속 이어질 수 있는 가장 확실한 이유"라고 자신하기도 했다.

적정한 권리금 계산만 이뤄져도 부작용의 상당 부분을 막을 수 있다는 의견이 나오는 이유다. 법적인 노력도 계속 되어왔다. 상가임대차보호법에서도 "국토교통부장관은 권리금에 대한 감정평가의 절차와 방법 등에 관한 기준을 고시할 수 있다"고 규정하고, 실제 고시도 이뤄지고 있다. 전문가들의 감정을 거치면 보다 합리적인 산정이 가능하다 제10조의7 권리금 평가기준의 고시.

국토교통부가 발표한 감정평가 실무기준 <재산유형별 감정평가 방식>

- 유형재산영업시설·비품·재고자산 등 감정평가는 원가법을 적용, 원가법 적용이 곤란하거나 부적절한 경우 거래사례비교법 등으로 감정평가
- 무형재산거래처·신용 등 감정평가는 수익환원법*을 적용, 수익환원법 적용이 곤란하거나 부적절한 경우 거래사례비교법이나 원가법 등으로 감정평가

※ 거래처·신용 등 무형재산은 해당 점포의 영업이익으로 반영되므로, 영업이익이나 현금흐름을 현재가치로 할인하거나 환원하는 방식으로 감정평가

하지만 '권리금' 자체가 틀에 박힌 계산법만으로는 평가가 어려운 영역이라는 의견도 있다. 『당신의 권리금을 의심하라』의 저자 경국현 한국상가권리금연구소장은 "업종을 바꿔 운영하거나 현재 임차인이 점포사업을 정리하는 과정 등에서는 문제가 생긴다. 감정평가사들이 해결할 수 있는 문제가 아니다"고 지적했다.

상권이 좋은 경우 '바닥권리금'이 큰 비중을 차지하는 경우가 있는데, 역세권, 1층 출입구 옆 등으로 부과됐던 권리금을 어떻게 평가할지도 의문이 남는다. 또한 상권에 따라 아예 권리금이 형성되지 않는 경우도 있는데 계산법을 적용해야 할지 의견이 분분하다.

문제를 보다 근본적으로 해결하기 위해서는 권리금 자체를 없애야 한다는 입장을 가진 전문가들도 많다. 우리나라에만 있는 특이한 관행이라는 지적이다. 실제로 권리금을 법으로 보호하는 나라는 찾아보기 힘들다.

일본에는 관행적으로 주고받는 권리금 개념이 있으나 우리나라와는 조금 다르다. 일본의 민법에는 권리금에 대한 규정 자체가 없다. 우리나라처럼 임차인 간에 주고받는 것이 아니라, 임대차계약을 체결할 때 보증금 이외에 일시적으로 주는 금전을 권리금이라고 한다. 즉, 임대인에게 주는 돈을 뜻하고, 반환의무는 인정받지 못한다. 독일 등에서는 권리금 수수 관행이 없고, 영국 등은 자율에 맡기고 법적으로 보장하지 않는다.

우리나라에서는 관련 분쟁이 많아지자 법으로 보호하는 방법을 택했지만, '권리금'이 없어지지 않는 한 근본적인 문제가 해결될 수 없다는 의견이 지배적이다.

배선경 변호사법률사무소 여름는 "권리금은 근본적으로 없어져야 하는 영역이 맞다. '권리금'은 프로의 영역이라 컨설팅업체도 어떤 기준으로 산정됐는지 알지 못한다"고 지적했다. 하지만 배 변호사도 당장 현실적인 면을 부정하는 것은 아니다. "한 번에 없애지는 못하더라도, 권리금이 애매모호하기 때문에 발생하는 사회적 문제와 폐해가 알려져 장기적으로는 없애는 방향으로 정책을 세우는 게 맞다"며, "당장은 산정방식이 명확해지는 것이 피해를 막을 수 있는 방법이다"라고 덧붙였다. 장기적인 정책방향을 권리금 '보호'보다는 '점진적 폐지' 쪽으로 가야 한다는 의견이다.

권리금이 하루아침에 갑자기 사라진다면, 회수 가능성을 보고 투자한 소상공인들이 전 재산을 잃을 수도 있다. 맘편히장사하고픈상인모임맘상모의 한 활동가는 "상인들이 수년간 피땀 흘려 만들어낸 권리금의 가치를 하루아침에 빼앗겨, 가난의 늪으로 빠져들어 가는 임차상인들의 사례가 정말 많다"며, "권리금의 사회적 문제점은 잘 알고 있지만, 갑자기 없애면 현실적으로 한 가정이 붕괴할 수도 있는 상황이라 장기적 대책 마련과 함께 현 제도 보완이 이뤄져야 한다"고 지적했다.

이 때문에 현재 법적 테두리 내에서 '권리금'이 보다 투명해져야 한다는 목소리가 크다. '권리금'은 서로 쉬쉬하기 때문에 바로 옆 가게 권리금도 알기가 어려운 것이 현실이다. 객관적 지표가 없으니, '협상'의 영역으로 치부되어 왔다. 이를 투명화한다면, 지금처럼 '부르는 게 값'이 되어버리는 권리금은 어느 정도 막을 수 있을 것이다.

법으로 보장받는 이상 개인 간 자율거래의 영역을 뛰어넘었다고 보는 게 더 타당하다. 주택의 매매가격을 공개하는 것처럼, 상가의 권리금과 임대료를 공개해야 한다는 목소리는 경제정의실천시민연합경실련 등에서 계속해서 나오고 있다. 투명화를 위한 방법으로는 권리금 실거래가 신고제, 표준권리금 계약서 사용 의무화 등이 거론된다.

Tip

창업컨설턴트를 굳이 이용해야 한다면 '빠꼼이'가 되어라

"창업컨설팅업체들이 나쁜 것은 알겠는데, 정보를 얻을 데가 없어요."

기사를 보고 난 뒤 많은 예비창업자들이 기자에게 보내온 메일이다. 맞는 말이다. 지역 부동산에서는 취급 안 하는 가게도 많은데다 권리금은 물론 임대료에 보증금까지 모두 민감해하는 정보라 쉽게 얻을 수도 없다. 창업컨설턴트라는 직함이 난무하는 시대에 '진짜 창업컨설턴트'를 찾아가는 일도 쉽지가 않다.

이때 무작정 창업컨설턴트부터 찾아가면 대부분 기존 업장 인수를 추천받는다. 그래야 창업컨설팅업체에 돈이 되기 때문이다. 여기서 잘 생각해야 한다. 순수하게 잘되는 매장을 '아주 운 좋게' 저렴하게 파는 경우가 얼마나 될까? 취재에 뛰어들어 느낀 것은 그럴 가능성은 정말 낮다는 점이다. 가만히 있어도 돈이 굴러오는 매장이라면 가장 먼저 정보를 접한 창업컨설턴트가 투자하지 않았을까? 스스로 투자금이 부족했다면, 가족이나 지인에게 고급정보를 줄 수도 있고 말이다. 현실적으로 대부분 오랜 기간 가게를 팔고자 했지만 매매가 되지 않은 매장을, 기다리다 못해 저렴하게 내놓는 경우가 많다. 잘되는 매장을 사정상 매매해야 하면 지인 등을 통해 빠르게 매매되는 경우가 대부분이었다. 이런 현실 속에서 기존 업장 인수만이 최선인지 고려하고 또 고려해보길 바란다.

먼저 지역 부동산을 활용하라

그런데도 신규 업장 개설이 부담스럽고, 장사가 잘되던 기존 매장을 그대로 이어받고 싶다면 바로 창업컨설팅업체를 찾아가선 안 된다.

먼저 정보를 얻어야 할 곳은 지역 부동산이다. 대부분의 예비 창업자가 지역 부동산을 택하지 않는 이유는 지역을 넘나드는 정보를 한 번에 얻고 싶어서다. 하지만 몇 개 지역을 정한 뒤 지역 부동산을 돌아다니는 것이 오히려 권리금 장사를 당하지 않을 가능성이 높다. 부동산 몇 곳만 크로스체크해도 권리금 늘리기 행태를 금방 잡아낼 수 있다.

일일이 알아보기 어렵고, 다른 곳에서도 정보를 전혀 얻을 수 없는 상황이라면, 역설적으로 추천하는 건 '창업컨설턴트'다. 먼저 원하는 지역의 가게들을 지역 부동산을 발품 팔며 알아본 뒤 그래도 정보가 없다면, 창업컨설팅업체를 현명하게 이용해야 한다. 이들은 수많은 전화를 돌리며 얻은 가게 정보를 가지고 있다. 상담을 한다고 해서 꼭 계약해야 하는 것은 아니다. 제발 그렇게 하지 말라고 사정이라도 하고 싶은 심정이다.

창업컨설턴트들이 가장 두려워하는 고객은 '빠꼼이'다. 창업의 주도권을 자신이 쥐고 정보를 취합해 스스로 선택하는 예비창업자를 뜻한다. 빠꼼이들한테 어설프게 권리금을 뻥튀기했다가는 시간만 들고 계약은 따내지 못하는 경우가 다반사다. 바로 여러분이 '빠꼼이'가 되면 된다.

원하는 매물의 권리금을 여러 곳의 창업컨설팅업체를 통해 확인하라. 가격 차이를 분명 확인할 수 있을 것이다. 그들이 경쟁하도록 만든다면 훨씬 효율적으로 권리금을 다운시킬 수 있다. 권리금은 애초부터 정해진 게 없고, 정확한 계산법이 없다는 점을 기억하라.

진짜 창업컨설턴트를 찾아가라

수수료 차액으로 기생하지 않는 창업컨설턴트를 찾아가는 것도 방법이다. 이 경우 소정의 상담료를 받고, 중간 마진은 전혀 요구하지 않는다. 하지만 이 경우에도 신규 프랜차이즈를 소개해주는 대가로 업체로부터 수수료를 받는 경우도 있으니 주의해야 한다. 창업컨설턴트는 어디까지나 정보를 얻는 창구로 활용해야지, 전적으로 다 믿고 맡겨서는 안 된다. 내 돈은 내가 지켜야 한다.

정부에서 제공하는 창업컨설팅 프로그램을 활용하는 방법도 있다. 소상공인시장진흥공단이 진행하는 '소상공인컨설팅지원사업'을 신청하면 58개 센터와 분소의 창업경영전문가 360여 명이 창업아이템과 입지선정, 사업계획 수립, 마케팅 등 상담을 지원한다. 컨설팅 비용의 90퍼센트를 국비로 부담하기 때문에 타 업체에 비해 경제적 부담이 훨씬 적다.

7장

'자영업 약탈자' 없는 세상을 꿈꾸며

1
코로나19마저 먹이로 삼는 하이에나들

: 예비 자영업자 편

코로나19도 이겨낸 매장

"코로나19에 오히려 호황인 업체도 많아요."

"코로나19라서 더 싸게 사실 수 있는 거예요."

'창업컨설팅'은 자영업자들에게 가장 힘든 시기마저 기회로 활용했다. 최근 들어 자영업자가 가장 어려웠던 시기라면 코로나19 바이러스가 기승을 부린 근래일 것이다. 그들은 코로나19로 인해 타격을 입은 매장조차 '코로나19 때문에 저렴하게 나온 행운의 매장'으로 둔갑시켰다.

코로나19로 다니던 회사가 어려워지면서 갑작스럽게 원치 않는 퇴사를 하게 된 30대 초반의 박은진가명 씨는 퇴직금으로 할 수 있는 장사를 알아보기 시작했다. 인터넷에서 '코로나19도 이겨낸 프랜차이즈 급매'라는 글을 발견하고, 곧바로 전화를 걸었다. 자신을 창업컨설팅업체 소속 컨설턴트라고 소개한 정민수가명 과장은 “지금이 기회다”, “코로나19가 모든 자영업자를 망하게 한 것은 절대 아니다”, “오히려 사람들이 멀리 돌아다니지 못하다 보니 호황인 매장도 있는데, 그런 매장들까지도 코로나19 여파로 싸게 나온다”고 마음을 흔들었다. 조금이라도 망설이는 모습을 보이면 “지금 매장을 인수하는 게 이득이라 업계에서는 오히려 계약건수가 크게 늘고 있다. 아는 사람만 아는 고급정보”라고 강조했다.

정 과장이 코로나19에 오히려 장사가 잘된다고 추천한 업종은 배달 전문 프랜차이즈 도시락집이었다. 자영업 초보가 과연 배달 음식점을 운영할 수 있을지 의문이었지만, 직접 개입하지 않아도 매출이 어느 정도는 나오고, 직접 배우면 이익은 그만큼 커지는 ‘대박 매장’이라고 강조했다. 또한 프랜차이즈여서 매뉴얼대로만 균일한 맛을 내면 돼 어려운 점은 전혀 없다고 했다.

실제 매장에 가보니, 저녁 시간대에 배달 어플을 통해 주문이 밀려 들어오는 것을 확인할 수 있었다. 하지만 박 씨의 눈에 그보다 인상적인 것은 따로 있었다.

박 씨를 본체만체 정신없이 일에 집중하고 있는 부부의 모습이었다. 가게에 찾아온 손님을 살필 겨를 자체가 없었다. 부부와 아들, 셋이 하기에도 일은 버거워 보였다. 주로 식사시간 때에 주문이 몰려들어서다. 피크시간대에 일할 사람이 최소 3명 이상은 필요하다는 뜻이었다. 박 씨에겐 아들은 물론 남편도 없는데 혼자 감당할 수 있을지 자신이 없었다. 정 과장은 “아르바이트생을 고용하면 된다. 관련 경험 있는 매니저까지 뽑으면 앉아서 돈을 벌 수 있다"고 유혹했다. 하지만 박 씨의 계산으론 그렇게 해선 도저히 원하는 순이익을 낼 수가 없었다. 아르바이트생이 고된 일을 자기 일처럼 버티고 해줄지도 의문이었다.

커피는 담배와 같아서 안 마실 수가 없다?

박 씨가 조목조목 단점을 지적하자, 정 과장은 "사실 배달 전문점은 자영업 경험도 없는 여성이 혼자 하기는 쉽지 않은 매장"이라고 의외로 쉽게 인정했다. 그리고 이번에는 여성 혼자 운영하기 좋은 테이크아웃 베이커리카페를 소개했다. 묻기도 전에 코로나19에도 오히려 매출이 늘고 있는 매장이라고 여러 차례 강조했다. 코로나19로 인해 밖보단 집에서 밥 먹는 일이 많아지다 보니, 테이크아웃 빵집은 더 많이 올 수밖에 없다는 설명이었다. 또한 "커피는 담배와 같아서 코로나19라고 안 마실 수가 없다. 빵과 커피는 코로나19를 타지 않는다"고 했다.

박 씨가 유명 프랜차이즈라는데 혹하자, 정 과장은 사실 자신도 같은 브랜드 매장을 운영하고 있다고 했다. 실제로 확인시켜주진 않았다. 매장 경험이 일천한 주부인 아내가 맡아도 충분하다고 경험해 본 자신이 보장한다고 했다. 박 씨는 유명 프랜차이즈이니만큼 초보 창업자도 안정적인 매출을 얻을 수 있을 거라고 생각했다.

박 씨가 인수를 결정하자, '본사 면접'이 기다리고 있었다. 근데 면접 직전 정 과장은 “절대 창업컨설팅업체를 통해 인수한다고 하지 말고, 오래 알고 지내던 지인이 사정상 그만두게 돼 맡게 됐다”고 해야 인수할 수 있다고 귀띔했다. 창업컨설턴트 소개라고 하면 아무 이유 없이 인수가 거부될 수 있다는 말이 미심쩍긴 했지만, 박 씨는 그 말을 따를 수밖에 없었다.

하지만 프랜차이즈 본사 담당자는 면접 초반부터 “대학가 인근이라 어느 정도 코로나19로 인한 타격이 있을 수 있다는 사실을 알고 인수하시는 거냐?”, “창업컨설팅업체에 큰 권리금 떼이고 하시는 거면 초반에 부담이 클 텐데, 지금이라도 솔직히 말하라”며 박 씨가 미처 생각하지 못한 부분들을 짚어 나갔다. 리뉴얼 비용이나 제빵기사 급여 등 추가비용도 알게 됐다. 본사 개입 없는 개인적인 양도양수를 막으려는 것인지는 몰라도 본사 담당자는 솔직한 편이었다. 결국 본사 면접 끝에 박 씨는 인수를 포기했다.

박 씨는 “코로나19에 위기인 매장을, 코로나19에 장사가 잘된다고 한 게 가장 괘씸하다. 누굴 믿고 어디서부터 창업을 해야 할지 모르겠다”고 하소연했다. 여전히 창업컨설팅업체에서는 “무인카페는 코로나에도 매출이 2~3배 이상 껑충 뛰었다. 남은 매물을 선점해야 된다”거나 “코로나라 매장가격도 저렴하지만, 중고물품 등도 싸게 구매할 수 있는 찬스”라는 연락이 온다. 그들 눈에만 코로나19에 절규하는 자영업자의 모습이 보이지 않는 걸까.

2
코로나19마저 먹이로 삼는 하이에나들

: 기존 자영업자 편

코로나19에 누가 사겠나?

기존 자영업자들도 어느 때보다 많은 '희망고문'을 당했다. 안 그래도 코로나19로 매출이 크게 떨어져 더 이상 적자를 막기 위해서는 차라리 매장을 팔 수밖에 없는 이들이 주된 먹잇감이 됐다.

서울 서초구에서 음식점을 운영하는 최정식가명 씨는 하루가 멀다 하고 각종 창업컨설팅업체로부터 "매장 내놓을 생각 있냐"는 전화를 받았다. 15년 가까이 해온 일이라 접을 생각이 없었지만, 코로나19 이후 적자가 점점 감당하기 어려워지자, '좋은 가격에 팔아준다는데 그냥 한번 내놔볼까' 하는 생각도 들었다.

"지금 장사가 안 되시니까 일단 빚 더 늘지 않게 넘기시고, 나중에 더 좋은 자리 다시 소개해드릴게요. 지금은 무조건 넘기셔야 이득입니다"라는 말에 흔들렸다.

그러나 희망고문만 이어질 뿐 거래는 이어지지 않았다. 그 사이 권리금은 7천만 원에서 1천만 원까지 떨어졌다. "코로나19에 누가 사겠냐"는 것이었다. 마지막에 컨설팅업체 과장이 외친 건 "무권리"였다. 자포자기한 최 씨는 위자료 명목으로 700만 원 정도 챙겨주겠다는 말에 결국 계약을 하기로 했다.

최 씨는 계약 당일, 계약서에 적힌 숫자를 보고 소스라치게 놀랐다. 권리금 4,700만 원에 가게를 넘긴다고 되어 있었던 것이다. 700만 원만 최 씨 몫이고, 나머지 4천만 원이 창업컨설팅업체 수수료였다. 창업컨설턴트는 마지막까지 "상대방이 주는 우리 수수료는 신경쓰지 마시고, 본인 받을 돈이나 신경쓰라"고 강조했다.

계약서에는 "양도인과 양수인은 주관회사와 협의한 상대방의 컨설팅 용역비에 대해서 상호 관여하지 않으며, 추후에 이의를 제기할 수 없다"고 쓰여 있었다. "이런 계약은 못 하겠다"고 하니 "한푼도 못 받을 걸 700만 원이라도 챙겨드렸으면 고마운 줄 알라"고 협박하듯 으름장을 놓기도 했다. 최 씨는 결국 자리를 박차고 나왔고, 그걸로 계약은 이뤄지지 않았다.

최 씨는 다른 창업컨설팅업체로부터도 매일같이 "가게 파실 생각 있냐"는 전화가 걸려오지만, 창업컨설팅이라는 말만 들어도 화부터 치밀어 전화를 끊는다. 코로나19로 인해 매출이 이전의 3분의 1에도 미치지 못해 막막하지만, 이대로 호구가 될 수는 없다는 오기가 생겼다. 지역부동산에 내놨지만 아직 거래는커녕 문의조차 없다.

끝없는 희망고문

경기도에서 만화방을 운영하던 이은아가명 씨도 폐업을 결심하고, 중고거래사이트에 만화책과 책장 등을 판매한다는 글을 올렸다. 하루도 채 지나지 않아 창업컨설턴트에게 전화가 걸려 왔다.

"권리금 받아드릴 테니 폐업을 하지 말고 문만 열어두라"고 했다. 이 씨가 "이 시국에 어떻게 받아줄 수 있냐"고 되묻자, "1천만 원까지도 가능하다. 최소 700만 원까지는 가능하니 기다려라"라는 말만 남겼다.

이 씨는 중고거래 사이트에 올린 글을 내리고, 2개월 동안 꾸역꾸역 가게를 열었다. 하지만 창업컨설턴트는 연락이 없었다. 전화할 때마다 "가격이 너무 비싸서 손님이 안 붙는다"고만 했다.

결국 3개월 뒤에 연락해온 창업컨설턴트는 "200만 원을 받아주겠다"고 했다. 이 씨가 "3개월 동안 영업하면서 얻은 손실이 더 큰데 200만 원 벌려고 그동안 기다린 줄 아냐"고 항의하자, 돈을 더 받아주겠다던 창업컨설턴트는 잠수를 탔다. 이 씨는 결국 적자만 더 크게 떠안은 채 폐업을 할 수밖에 없었다.

"코로나19가 끝나지도 않았는데, 무슨 수로 팔아주겠다면서 희망고문만 한 건지 도무지 이해가 안 됩니다. 3개월이 정말 지옥이었어요."

3
자료 은폐와
법적 안전장치 보완 나선 업체들

증거 인멸

〈한겨레〉 탐사기획 '자영업 약탈자들'이 보도된 뒤 창업컨설팅업체에서 가장 먼저 한 행동은 '증거 인멸'이었다.

첫 보도 다음 날 찾은 서울 강남의 한 창업컨설팅업체 사무실 앞에서는 창업컨설턴트 세 명이 컴퓨터 본체를 밖으로 옮기고 있었다. 양도양수 계약서와 임대차 계약서 등 각종 문서는 파쇄된 상태로 뭉치째 출입문 앞에 던져졌다. 대부분 세금문제가 걸리는 문서들로 추정된다. 이 건물에서 일하는 청소업체 직원은 "갑자기 대청소하는 건지 사무실에서 온갖 문서들을 내다 버리고 있다"며, "무슨 일인지는 잘 모르겠지만 직원들이 어제부터 갑자기 바빠졌다"고 말했다.

사무실 앞에서 만난 한 컨설턴트는 "일단 가지고 있던 서류들을 모두 없앴다. 기사가 불러온 폭풍이 잠잠해질 때까지는 휴가라고 생

〈한겨레〉 '자영업 약탈자들' 보도 다음 날 찾은 서울 강남의 한 창업컨설팅업체 사무실 앞에서는 창업컨설턴트들이 컴퓨터 본체를 밖으로 옮기고 있었다. 양도양수 계약서와 임대차 계약서 등 각종 문서는 파쇄된 상태로 뭉치째 출입문 앞에 던져졌다.

각하라고 했다"고 전했다.

첫 기사가 나간 당일에는 ㅌ사, ㅈ사 등 업계 상위 창업컨설팅업체들이 인터넷 사이트 20여 곳을 일제히 폐쇄했다. 자신들이 계약을 맺고 있는 프랜차이즈로 고객들을 유인하는 영업방식인 이른바 '감아오기'가 온라인 검색과 포털 스폰서 광고를 통해 이뤄진다는 점을 고려하면, 사실상 신규 영업을 중단한 셈이다.

업계 상위 창업컨설팅업체들이 인터넷 사이트 20여 곳을 일제히 폐쇄했다.

사이트 폐쇄 이유에 대해 한 창업컨설팅업체 관계자는 "서버에 오류가 생겨서 홈페이지를 열지 못하고 있다. 복구작업이 완료되는 대로 다시 열 예정"이라고 답했다.

이들이 서둘러 서류를 없애고 컴퓨터를 옮기는 등 증거 인멸 작업을 벌이는 것은 탈세, 공인중개사법 및 표시광고법 위반 등 각종 불법 행위에 따른 처벌을 피하기 위한 것으로 보인다.

점포 매매 계약에서 권리금 거래는 주로 현금으로 이뤄지기 때문에 세금신고를 하지 않는 관행이 있었다. 현금으로 거래되는 권리금 가운데 상당 금액을 수수료 명목으로 컨설팅업체가 가져간다. 갑자기 홈페이지를 폐쇄한 이유도 증거 인멸을 위해서인 것으로 보인다.

법망을 피하기 위한 철저한 대비

얼마 뒤 다시 연 홈페이지에는 일부 권리금이나 월 수익 등 매출 정보 등을 가리고, 홈페이지 하단에 "이 사이트는 프랜차이즈, 예비창업자, 언론사, 기타 제휴업체 등이 제공한 정보나 창업미디어들이 이들로부터 수집한 정보를 본 사이트에 게재할 수 있도록 웹상의 공간을 제공하고 있을 뿐이므로 당해 정보의 정확성이나 안정성을 보장할 수 없습니다. 또한 당해 정보를 이용한 거래 및 제반 법적 문제에 대하여 아무런 책임이 없음을 알려드립니다"라는 안내 문구를 추가했다. 이미 허위 매물로 적발됐던 업체인 만큼 이에 대해 철저히 대비하는 모습이다.

또 이와 함께 "이 회사는 사업체 권리금 양도양수를 주 업무로 하는 회사입니다. 일반적인 부동산에서 취급하는 중개대상물은 다루지 않습니다. 따라서 저희가 광고하는 사업체는 중개대상물이 아님을 밝히는 바입니다"라는 문구를 덧붙였다. 이는 공인중개사법 위반 소지를 피해가기 위함이다.

창업컨설팅업체들은 양도양수 업무와 더불어 임대차 계약에도 관여하는 경우가 대부분이다. 임대차 계약 중개수수료는 거래금액의 0.9퍼센트로 규정돼 있어 이를 초과하는 고액 수수료는 모두 불법이다. 무자격 부동산 중개 자체도 불법행위에 해당한다. 보도 이후 그들은 법망을 피해가기 위해 더욱 철저해진 모습이었다.

4
기사 뒤에 이어진 노력들

기사가 나간 뒤 '감추기'에만 급급한 이들이 많았지만, 문제점을 밝히고 피해자를 돕기 위해 나선 사람들도 있었다. 기획이 끝난 뒤에도 기사를 한 주 이상 더 이어간 이유기도 했다. '돕고 싶다', '피해를 막는 방법을 알려달라'는 연락이 쏟아졌다.

먼저, 창업컨설팅업체가 가장 무서워하는 국세청 '세무조사'가 시작됐다. 컨설팅업체를 통해 거래한 점주들을 직접 찾아 계약 체결 내용과 권리금 결제 지급방식 등을 조사했다. 세금신고를 하지 않은 부분을 확인하고 추징하기 위함이다. 국세청은 관련 내용이 개인정보라는 이유로 얼마나 추징했는지 여부 등은 확인해주지 않았지만, 피해 점주 등을 통해 실제 세금을 누락한 부분 등을 확인할 수 있었다.

이 과정에서도 창업컨설팅업체가 "우리 모두가 공범이다. 밝혀지면 같이 세금을 물어야 한다"고 설득해 점주가 신고하지 않은 경우도 있었다. 끝까지 법망을 피하려는 그들의 노력은 계속됐지만, 국세청도 "정당한 사유 없이 세법의 질문·조사권 규정에 따른 세무공무원의 질문에 대해 거짓으로 진술하거나 그 직무집행을 거부 또는 기피한 자에게 국세기본법 제88조 직무집행 거부 등에 대한 과태료 규정에 의해 2천만 원 이하의 과태료가 부과되오니, 컨설팅업체와의 거래내용에 대해 있는 사실대로 작성해달라"는 문구로 대응했다.

피해자 구제

정부는 창업컨설팅 피해자 구제에도 나섰다. 중소벤처기업부는 창업컨설팅 피해 자영업자 파악에 나서는 한편 피해자에게 법률적 지원 등을 하고 있다. 변호사 비용 등이 걱정돼 소송을 엄두조차 내지 못하는 자영업자들이라면 도움을 받을 수 있다. 지자체에서도 자체적으로 구제에 나섰다. 서울시와 경기도는 창업컨설팅 피해를 신고 받고 법률 지원에 나섰다.

경찰은 곧바로 내사에 나섰다. 대부분 관련 법 자체가 없는 상태라 민사 사안으로 분류돼 내사에 그쳤다. 약사 분양 피해의 경우 사기와 의료법 위반 혐의로 경기남부지방경찰청에서 수사를 진행했지만, 고의성 여부 등을 따지기 어려운 점 등 때문에 처벌까지는 이루어지지 못했다.

정부보다 적극적으로 피해자를 모아 대처를 시도한 곳은 국회였다. 정의당 추혜선 전 의원은 의원일 당시, 직접 창업컨설팅 피해자

연대를 시도하기도 했다. 또 국회에서 가맹표준계약서 강화, 편의점 상생협약 강화 등을 이끌어내기도 했다.

대한약사회도 신고센터를 운영해 피해현황을 파악하고 추가 피해를 막기 위한 후속조치에 나서고 있다. 충청도 지역 한 약사는 약사 직거래 사이트를 만들어 컨설팅업체로 인한 피해를 막기 위해 적극적으로 나서기도 했다.

사실 이런 노력의 결과가 만족스러웠던 것은 아니다. 양도양수와 창업컨설팅 등에 대한 명확한 법 규정이 없기 때문에 법적인 대처는 애초부터 쉽지 않다는 전문가 의견이 많았다. 이 때문에 많은 이들의 노력이 수포로 돌아가기도 했지만, 이들이 없었다면 여기까지 올 수도 없었을 것이다. 이제 더 이상의 피해를 막기 위해서는 법의 테두리 내에서 약자일 수밖에 없는 자영업자를 보호해야 한다.

5
책임을 묻는 '표준계약서'가 필요하다

악마의 계약서

"공인중개사만 해도 계약에 문제가 생기면 책임을 지도록 공증하게 되어 있는데, 창업컨설팅은 왜 책임을 지는 장치가 없는 거죠?"

8년 동안 5개의 직영점을 포함해 모두 18개의 지점을 낸 월드베브릿지 대표 조현우 씨에게 '창업컨설팅'의 가장 큰 문제점을 물었더니 돌아온 대답이다.

조 대표는 "창업컨설팅은 각자에게 잘 맞는 아이템을 추천해준다는 점에서 분명히 장점이 있다"면서도, "문제는 계약 건당 고액의 수수료를 챙기고도, 계약에 문제가 생길 시 아무런 책임을 지지 않는다는 점이다. 공인중개사처럼 법적인 보완장치만 있어도 폐해는 충분히 막을 수 있다"고 지적했다.

창업컨설팅 피해자들이 하나같이 가장 억울해하는 것도 수천만 원의 수수료를 받고도 업체에 책임조차 물을 수 없도록 되어 있는 '악마의 계약서'였다. 국내 대형 로펌의 자문을 받고 만들어졌다고 자부하는 이들의 계약서는 철저히 법망을 빠져나가도록 설계되어 있다. 문제가 발생하면 그 책임을 전 주인에게 묻고, 계약서 문항의 대부분은 "주관회사에 민·형사 이의를 제기하지 않는다"로 끝난다. 어떤 문제가 생겨도 창업컨설팅업체에는 문제제기를 할 수 없도록 치밀하게 설계해둔 것이다.

<양도양수 계약서-일부>

제16조 양도인과 양수인은 본 계약의 모든 사항을 충분히 이해하고 본인의 자의적 판단으로 본 사업체 양도양수 계약을 체결한 바, 추후 시설, 비품, 월순이익, 면적, 임대인 성향, 임대차계약서 조항, 프랜차이즈 가맹계약 및 가맹조건 등에 관련된 사항 등으로 인해 주관회사에게 민·형사상 이의를 제기하지 않는다.

제19조 양도인이 양수인에게 매출자료를 제공할 경우 이것은 양도인이 단독으로 제공한 것이므로 추후 허위로 밝혀질 경우 이에 관한 모든 책임은 양도인에게 있다. 이때 양수인은 양도인을 상대로 권리금에 대한 반환 청구 또는 손해배상 청구를 할 수 있을 뿐 원칙적으로 주관회사 및 그 소속 임직원에게는 책임을 물을 수 없다.

제22조 양수인은 주관회사 및 담당자가 일정기간 이상 사업체에 상주하여 매출을 확인할 수 없으므로 양도인이 제공한 매출자료를 전적으로 신뢰할 수밖에 없음을 인지하고 이에 관한 이의를 제기하지 않기로 한다.

제25조 양도인과 양수인은 주관회사와 협의된 상대방의 컨설팅 용역비에 대해 상호 간에 관여하지 않으며 이를 이유로 추후 이의를 제기할 수 없다.

—○○○컨설팅업체 자료

이 같은 내용은 특약사항으로 다시 한 번 강조하고 있다. 그 어떤 경우에도 책임을 물을 수 없음을 재차 확인하는 형태다.

***특약사항**

-양도인이 양수인에게 제공한 매출자료에 허위가 있을 경우 양도인이 책임을 지기로 하며, 이때 양수인은 주관회사와 담당직원에게 민·형사상 이의를 제기하지 않는다.

-본 계약은 양수인의 의사결정에 의해 체결되므로 추후 매출 및 점포 운영에 관한 모든 사항에 관해 주관회사에 민·형사상 이의를 제기하지 않는다.

※ 문서의 양식은 주관회사의 법률 부문 공식파트너사인 법무법인 ○○에서 감수하였습니다.

—○○○컨설팅업체 자료

양도양수 표준계약서만 법으로 강제해도, 이런 '악마의 계약서'는 막을 수 있을 것이다. 현재 국토교통부에서 만든 표준계약서가 있지만, 법적인 강제는 없어 예외적인 특약사항들이 난무하는 실정이다.

수수료 비율을 법적으로 정해야

더 나아가 부동산 중개처럼 수수료 비율을 아예 법적으로 정해야 한다는 의견도 나온다. 창업컨설팅업계에서는 법정한도가 걸리는 '중개수수료' 명목이 아니라, 법에는 아무런 규정도 없는 '컨설팅 수수료'를 받는다. 중개수수료는 거래금액을 기준으로 0.9퍼센트를 최대로 하고 있지만, 컨설팅 수수료는 법도 기준도 없어서 이 같은 허점을 이용하는 것이다.

이렇게 창업컨설팅업체가 과도한 권리금 수수료를 노리고 권리금을 높여서 큰 수수료 차익을 낼수록, 피해는 고스란히 신규임차인에게 돌아간다. 상가임대차 시장에 대한 불신도 커질 수밖에 없다.

무엇보다 법적인 보호를 아예 받지 못하는 영역인 만큼 법의 테두리 내로 들어오게 하는 것이 가장 시급해 보인다. 배선경 변호사는 "사회통념적으로 봤을 때 창업컨설팅 업태는 중개로 보는 것이 타당하다. 법제화가 어렵다면, 이렇게 큰 수수료를 아무런 책임을 지지 않는 컨설팅업체에 낼 필요가 없다는 판결 하나만 나와도 이런 형태의 영업이 어려워질 것으로 보인다"고 지적했다.

6
먹튀 프랜차이즈 본사를 막아라

가맹점 망하면 본부도 책임져야

창업컨설턴트 못지않게 책임지지 않는 곳은 프랜차이즈 본사다. 가맹점이 망해도 본사는 책임지지 않는 구조가 '먹튀 본사'를 만든다는 지적이 끊이지 않고 있어왔다. 프랜차이즈 본사 설립과 동시에, 일정기간 직영점을 통한 검증 없이 무분별하게 가맹점을 늘릴 수 있어, 단기간에 가맹점 수만 늘리고 빠지는 '기획형 프랜차이즈'가 가능했다. 가맹점을 신설할 때에 이미 거액의 돈을 챙기기 때문에, 그 뒤로는 장사가 잘되지 않아도 신경쓸 필요가 없다.

그동안 관련 입법 노력이 없었던 것은 아니다. 2021년부터 가맹점 출점 뒤 1년간 매출액이 가맹본부가 제공한 예상매출액보다 낮아 폐업할 경우, 가맹본부에 영업위약금을 내지 않도록 가맹사업법 시행령이 개정됐다. 가맹점주들이 줄기차게 요구해오던 것 중 하나다. 가맹점주에게 귀책 사유가 없음에도 매출이 부진한 경우, 가맹본부에도 일정 책임이 있다는 점을 고려해 가맹본부의 예상매출액 제공에 대한 책임성을 강화하기 위해서다. 가맹점이 망하면 그 책임을 본부도 나눠지도록 한 조치다.

하지만 이것으로 폐업조차 쉽지 않은 구조가 완전히 해결된 것은 아니다. 정종열 전국가맹점주협의회 정책국장은 "저매출 매장 폐점 시 가맹본부가 운영위약금을 받지 못하도록 개선된 것은 큰 성과"라면서도, "남아 있는 문제 중 가장 큰 것은 수천만 원에 달하는 '인테리어 잔존가'다. 저매출 점포를 개설한 데 대해 본사도 함께 책임을 지고 부담을 나눠야 한다"고 지적했다.

개선되는 표준가맹계약서

가맹점주의 권리를 보호하는 방향으로 표준가맹계약서도 제정 및 개정되고 있다. 공정거래위원회는 2020년 6월 치킨·피자·커피와 기타 외식 등 4개 업종에 대해 10년 이상 점포를 장기 운영한 가맹업주들은 특별한 이유가 없으면 본사가 계약 갱신을 거절할 수 없도록 했다. 일부 회사가 가맹점주를 압박하는 수단으로 악용했던 불시 방문 점검도 제한했다.

본사와 가맹점주 사이에 갈등이 잦았던 본사의 예상매출액도 표준가맹계약서에 반드시 기록해 언제든 재확인할 수 있도록 했다. 이듬해 이미용·교육서비스·기타서비스 등으로 업종을 확대했지만,

표준가맹계약서 도입은 강제가 아닌 권고 사항이어서 실효성이 적다는 비판을 피하기 어렵다.

'먹튀 본사'를 막기 위해, 가맹사업을 시작하는 가맹본부는 직영점을 1개 이상, 1년 이상 운영하도록 하는 가맹사업법 개정안도 통과됐다. 적용은 2021년 11월부터다. 사업방식의 검증을 거치지 않아도 되다 보니 떴다방 식 프랜차이즈 난립이 고질적 문제가 됐기 때문이다. 2020년을 기준으로 등록된 프랜차이즈의 61.6%4,215개가 직영점을 보유하지 않고 있는 현실이다.

보다 근본적으로 가맹본부와 가맹점주 사이의 왜곡된 수익배분 구조를 바꾸지 않는 한 문제가 계속될 수밖에 없다는 지적도 있다. 가맹본부의 수익이 1차 소비자인 가맹점주에 집중되는데다, 가맹본부와 가맹점주 수익이 반비례를 이루는 사례도 있어서다. 정종열 국장은 "가맹본부와 가맹점주 간 정보력과 경험, 자본력 등의 격차로 대등한 당사자 관계가 성립하지 못하고, 가맹본부가 우월적 지위를 가지면서 불합리와 불공정, 불법의 토대가 형성된다"며, "부당한 필수 물품 강요 금지, 집단적 대응권 강화, 광고 판촉비 사전동의권 등을 법 테두리 내에서 보장해야 한다"고 말했다.

Tip

코로나19에는 공항과 대학가만 피하면 된다?

수치로 확인되는 고통받는 자영업자들

'코로나도 이긴 매장', '코로나에도 끄떡없는 매장'.

코로나19 시국에 예비창업자를 유혹하는 창업컨설팅 사이트 문구들이다. 그들은 대부분의 자영업자들이 '사상 최악의 위기'라며 절규하고 있는 순간에도, 예비 자영업자를 현혹하고 있었다.

코로나19로 인한 사회적 거리두기가 한창이었던 2020년 8월, 기자가 수도권 창업을 문의했을 때 컨설팅업체에서 돌아온 답은 "공항과 대학가만 피하면 된다"였다. 오히려 코로나19로 해외에 나가지 못하기 때문에 국내 자영업자로서는 기회라는 말과 함께였다. 공항 입점과 개학을 하지 못한 대학가만 피하면 얼마든지 기회를 잡을 수 있다고 했다.

사회적 거리두기 조치가 2.5단계로 격상되자 이들의 전략도 달라졌다. "프랜차이즈 빵집은 규제에서 빠져서 오히려 대목이다", "일반 카페는 전혀 제약을 받지 않는다"며 당장 매물 팔기에만 혈안이었다.

"어차피 자영업 말고 다른 일 하실 것 아니면, 좋은 매물을 코로나19 국면에 오히려 싸게 잡을 수 있는 기회예요. 이런 기회가 또 언제 올지 어떻게 압니까."

하루 2천여 명의 확진자가 나오며 자영업자들의 곡소리가 극에 달한 2021년에도 그들은 무인카페 등을 추천하며 끝까지 창업을 권하길 포기하지 않았다. 실제로 그들이 추천한 카페 업종은 코로나19 위기 속에서도 창업이 크게 늘기도 했다. 국세청 통계에 따르면 2021년 2월 말 기준으로 전국에 커피음료점 등록 업체는 7만2,686개로 지난해보다 15.5%2,933개 증가하기도 했다.

하지만 현실은 지표부터 달랐다. 자영업자들이 어려워졌다는 사실은 숫자로도 증명되고 있다. 통계청 경제활동인구조사에 따르면 2021년 7월 고용원이 있는 자영업자는 127만4천 명으로 2년 전보다 24.6만 명이나 감소한 것으로 나타났다. 7월 통계를 기준으로 1990년 7월119만5천 명 이후 31년 만에 가장 적은 규모다. 고용원 있는 자영업자는 2021년 5월부터 3개월째 감소세가 이어졌다. 반면 '나홀로 사장님'인 고용원 없는 자영업자는 429만 명으로 7월을 기준으로 9년 전인 2012년 이후 가장 많았다. 업황 부진으로 고용하고 있던 종업원을 해고하거나 무인매장이 급증하고 있다는 걸 보여준다.

가장 좋은 상권으로 불리는 강남역 인근 상권에서도 1층이 비어 있는 매장이 눈에 띄게 늘고 있어 자영업자의 어려움을 쉽게 확인할 수 있다.

실제 만나본 상인들도 끝을 알 수 없는 고통에 신음하고 있었다. 그나마 매출에 영향을 가장 덜 받는다고 창업컨설턴트가 강조했던 커피전문점도 휘청거리고 있다. 커피전문점에서 확진자가 나온 이후, 매출에 직접 타격을 입은 것이다. 서울 성수동에서 카페를 운영하는 최빛나가명 씨는 "주변에 확진자가 없음에도, 카페에서 나왔다는 이유 하나만으로 매출이 30퍼센트 이상 급감했다"며 "음료 마실 때 외에 마스크를 꼭 써달라고 하면 기분 나쁜 티를 내면서 바로 매장을 나가기도 한다"고 했다.

한 프랜차이즈 카페 점주는 "언제 폐업을 해야 할지 눈치만 보고 있다. 4분의 1로 감소한 매출로는 도무지 임대료를 감당할 수 없다"며, "정부의 지원금은 영업을 하고 있어야만 받을 수 있어 딜레마"라고 하소연했다.

정말 운이 좋은 것이 맞는가?

코로나19가 장기화하면서 창업을 미뤄온 예비 자영업자들은 계속 개업 타이밍만 살피고 있는 형편이다. 자영업자 카페에 가보면 "그래도 코로나19에 싸게 들어가서 처음엔 손해보더라도 계속 기다리는 것보단 낫지 않을까요?"라는 질문이 쏟아진다. 조금 나아질 만하면 다시 늘어나는 확진자에, 이제는 한 치 앞도 모르겠다는 글이 대부분이다. 코로나19로 회사 경영이 어려워지면서 갑작스레 퇴사하게 된 중소기업 직장인들이 자영업자를 꿈꾸기도 한다.

물론 선택은 본인 몫이다. 하지만 최소한 창업컨설턴트의 달콤한 말에는 부디 속지 않았으면 한다. 가장 큰 문제는 이런 상인들의 고통이 언제 해소될지 모른다는 점이다. 메르스 때와는 비교할 수 없을 정도로 코로나19 국면이 장기간 이어지고 있다. 그 어떤 전문가도, 언제 이 국면이 해소될 것이라고 확언할 순 없다.

자신이 혹시 모를 손해를 감내할 여력이 있다면, 얼마나 감당할 수 있고, 그 이후에는 얼마나 수익을 낼 수 있을지 객관적으로 따져보라. 코로나19가 기회가 되는 매장이 지금 왜 시장에 매물로 나온 건지도 꼼꼼히 따져보라. 정말 내가 운이 좋은 게 맞을지 의심하고 또 의심하라. 가게를 10년, 20년 운영한 베테랑 상인들마저 "이런 경우는 생전 처음"이라고 했던 코로나19, 최소한 이 국면에서는 이 위기를 악용하는 창업컨설턴트가 더 이상 없었으면 하는 바람이다.

부록 1
업계 용어

- **풀오토** : 주인이 매장에 나가지 않고 관리자 매니저나 아르바이트생 만으로 운영해 수익만 가져가는 가게
- **반오토** : 주인이 매니저격으로 관리만 하거나 일부 시간대에만 운영에 참여하는 매장
- **감아오기** : 손님이 계약하고자 하는 매장이 아닌, 창업컨설팅업체가 높은 수수료를 받을 수 있는 특정 매장을 계약하도록 유도하는 것
- **양도인** : 매장 양도양수 계약에서 권리금을 받고 매장을 넘겨주는 사람. 인수 뒤에는 '전주인'으로 불림
- **양수인** : 매장 양도양수 계약에서 권리금을 주고 가게를 인수하는 사람
- **주류대출** : 창업할 때 주류를 판매하는 업종의 경우, 주류를 독점적으로 공급받는 조건으로 자금을 융통 받는 것. 초기 창업비용이 부족한 경우 창업컨설팅업체에서 주류대출을 권유하기도 한다.
- **빠꼼이** : 창업에 빠삭해 정보만 빼내갈 위험이 있는 고객. 실제 위험이 발생하면 블랙리스트에 등록해 연락을 피한다.
- **상태 좋은 구매자** : ='빠꼼이 아님'. 초보이면서 귀까지 얇아서 설득이 쉬워 창업컨설팅업체가 주된 계약 대상으로 삼는 고객을 일컫는 말

- **매물화** : 양수할 의사가 있는 매장 가운데 수수료를 최소 1천만 원 이상 뜯을 수 있는 곳을 확보해두는 작업
- **권리금 작업** : 매물화된 매장에 수시로 전화해 권리금을 낮추는 작업. '권리금 누르기'라고도 한다.
- **입금 인정** : 컨설팅업체가 권리금에 수수료를 붙여 판 뒤 추후 돌려받는 것을 양도인이 인정하고 입금을 약속하는 것. 계약 당시 수수료가 높아도 이의를 제기하지 않도록 미리 확인을 받아두는 장치다.
- **입단속**단도리 : 양도인이 매물을 부동산에 내놓지 못하도록 하는 것, 그리고 입금 인정 사실을 양수인에게 비밀로 하도록 하는 것. 높은 수수료를 받기 위한 사전장치로, 동의하지 않는 양도인과는 아예 계약을 하지 않는 경우가 대부분이다.
- **우리 계산** : 가게를 매매할 때 창업컨설팅업체에서 인건비나 재료비, 카드 수수료, 세금 등 필수적인 금액을 누락하거나 축소해 수익을 부풀리는 방식을 의미한다. 매출 등을 조작하면 법적인 책임을 질 수 있기 때문에 비용을 줄이는 방식으로 순익이 높아 보이게 하는 방식을 주로 쓴다.
- **더블계약** : 자신이 직접 전화 등을 통해 '매물화'한 가게를 본인이 광고 등을 통해 유치한 고객에게 파는 것을 뜻하는 말. 이때 수수료를 100퍼센트 가져가게 된다. 다른 팀에서 가지고 있는 매물을 자신의 고객에게 팔거나, 자신의 매물을 다른 팀 고객에게 팔면 수수료가 절반으로 깎인다.
- **뷰가 좋다** : 매장에 손님이 가장 많이 몰리는 시간대를 미리 확인해 우연인 척 예비창업자를 그때 매장에 데려가 혹하도록 하는 장치. 배달업체의 경우 저녁 피크 시간을 주로 택한다.

- **LMNO수수료 등급** : 수수료의 크기에 따라 창업컨설턴트가 받는 등급. L은 1,500만 원 이하, M은 1,500만~2,500만 원, N은 2,500만~3,500만 원, O는 3,500만 원 이상 수수료를 받은 계약. 전체 수수료의 33퍼센트를 회사에 내고, 남은 금액의 70퍼센트를 팀장에게 떼줘야 하는 구조여서 L 등급 계약은 고생만 하고 실속은 없다는 평을 받는다. M과 N은 기본은 한 정도이고, O는 모두의 부러움을 산다. 계약을 성사시켰을 경우 업체 게시판에 수수료 등급과 함께 컨설턴트 이름이 공개된다.
- **나공팀** : 계약금액이나 건수가 다른 팀에 비해 저조할 경우, 밤 9시까지 연장근무를 하는 나머지 공부 팀. 팀별 월별 순위가 매겨져 나공팀도 게시판에 공개된다. 직원들에게 계약 성사를 압박하는 수단으로 사용된다.
- **내방** : 고객 기죽이기 작업의 일환으로 고객을 회사로 부른 뒤, VIP룸으로 안내해 회사에 대한 신뢰를 높여 많은 수수료를 감수하도록 하는 장치를 말한다.
- **양도인 매출 책임제** : 양도양수 계약에서 매출로 인한 문제가 생길 시 양도인이 책임지도록 계약서 단계에서부터 명시하는 장치. 창업컨설팅업체나 컨설턴트에게는 책임을 묻지 못하도록 한다.
- **유효고객** : 이전 주인이 이미 보유하고 있는 고객. 헬스장이면 회원권 수, 중국집이면 배달 기록이 있는 고객, 약국은 처방전 개수 등으로 유효고객을 센다. 유효고객이 많을수록 비싼 권리금을 받을 수 있다.
- **떴다방 프랜차이즈** : 단기간에 가맹점 수만 늘리고 사라지는 프랜차이즈로 '기획형 프랜차이즈'로도 불린다. 대만 카스테라와 벌집 아이스크림, 커피번 등 금방 열풍이 불었다 사라진 아이템이 여기에 속한다.

- **미투 브랜드** : 시장에서 가장 인기를 끌고 있는 브랜드를 모방해 만드는 유사 브랜드. 대만 카스테라, 벌집 아이스크림 등이 유행할 당시, 미투 브랜드만 수십 개가 난무했다.
- **리턴** : 프랜차이즈 본사가 가맹점주로부터 받은 가맹비 등의 일부를 컨설팅비로 지급하는 것. 창업컨설팅업체는 프랜차이즈 본사와 물밑 계약을 맺고 본사와 가맹점주에게 이중으로 수수료를 받는 구조인데, 가맹점주는 리턴에 대해 알지 못한다.
- **특수점포** : 대형 쇼핑몰이나 백화점의 푸드코트, 대학 캠퍼스, 병원 등 특수상권 내 매장. 특수점포는 매달 일정한 임차료를 내는 일반 매장과 달리 매출에 따라 일정 비율을 내는 경우가 대부분이다. 임대차 계약이 아니기 때문에, 상가임대차보호법의 보호를 받을 수 없어 하루아침에 가게에서 쫓겨날 수도 있다.
- **어드민피** : 프랜차이즈 본사가 가맹점을 상대로 구매, 마케팅, 영업의 지원 등 점포관리 명목으로 받는 수수료. 수수료 비율이 과할 경우 법적분쟁이 발생하는 경우도 있다.
- **임대인 성향** : 양도양수에 문제가 생길 것을 대비해 임대인이 양도양수에 어떤 입장인지, 임대료가 오를지 등을 미리 파악하는 것

부록 2
자영업자라면 꼭 알아야 할 법

상가건물 임대차보호법 (약칭: 상가임대차법)

[시행 2020. 11. 1.] [법률 제17471호, 2020. 7. 31., 일부 개정]

제1조 목적 이 법은 상가건물 임대차에 관하여 「민법」에 대한 특례를 규정하여 국민 경제생활의 안정을 보장함을 목적으로 한다.

제2조 적용범위 ① 이 법은 상가건물 제3조제1항에 따른 사업자등록의 대상이 되는 건물을 말한다 의 임대차 임대차 목적물의 주된 부분을 영업용으로 사용하는 경우를 포함한다 에 대하여 적용한다. 다만, 제14조의2에 따른 상가건물임대차위원회의 심의를 거쳐 대통령령으로 정하는 보증금액을 초과하는 임대차에 대하여는 그러하지 아니하다.

② 제1항 단서에 따른 보증금액을 정할 때에는 해당 지역의 경제여건 및 임대차 목적물의 규모 등을 고려하여 지역별로 구분하여 규정하되, 보증금 외에 차임이 있는 경우에는 그 차임액에 「은행법」에 따른 은행의 대출금리 등을 고려하여 대통령령으로 정하는 비율을 곱하여 환산한 금액을 포함하여야 한다.

③ 제1항 단서에도 불구하고 제3조, 제10조제1항, 제2항, 제3항 본문, 제10조의2부터 제10조의9까지의 규정 및 제19조는 제1항 단서에 따른 보증금액을 초과하는 임대차에 대하여도 적용한다.

제3조 대항력 등 ① 임대차는 그 등기가 없는 경우에도 임차인이 건물의 인도와 「부가가치세법」 제8조, 「소득세법」 제168조 또는 「법인세법」 제111조에 따른 사업자등록을 신청하면 그 다음 날부터 제3자에 대하여 효력이 생긴다.

② 임차건물의 양수인그 밖에 임대할 권리를 승계한 자를 포함한다은 임대인의 지위를 승계한 것으로 본다.

③ 이 법에 따라 임대차의 목적이 된 건물이 매매 또는 경매의 목적물이 된 경우에는 「민법」 제575조제1항·제3항 및 제578조를 준용한다.

④ 제3항의 경우에는 「민법」 제536조를 준용한다.

제4조 확정일자 부여 및 임대차정보의 제공 등 ① 제5조제2항의 확정일자는 상가건물의 소재지 관할 세무서장이 부여한다.

② 관할 세무서장은 해당 상가건물의 소재지, 확정일자 부여일, 차임 및 보증금 등을 기재한 확정일자부를 작성하여야 한다. 이 경우 전산정보처리조직을 이용할 수 있다.

③ 상가건물의 임대차에 이해관계가 있는 자는 관할 세무서장에게 해당 상가건물의 확정일자 부여일, 차임 및 보증금 등 정보의 제공을 요청할 수 있다. 이 경우 요청을 받은 관할 세무서장은 정당한 사유 없이 이를 거부할 수 없다.

④ 임대차계약을 체결하려는 자는 임대인의 동의를 받아 관할 세무서장에게 제3항에 따른 정보제공을 요청할 수 있다.

⑤ 확정일자부에 기재하여야 할 사항, 상가건물의 임대차에 이해관계가 있는 자의 범위, 관할 세무서장에게 요청할 수 있는 정보의 범위 및 그 밖에 확정일자 부여사무와 정보제공 등에 필요한 사항은 대통령령으로 정한다.

제5조 보증금의 회수 ① 임차인이 임차건물에 대하여 보증금반환청구소송의 확정판결, 그 밖에 이에 준하는 집행권원에 의하여 경매를 신청하는 경우에는 「민사집행법」 제41조에도 불구하고 반대의무의 이행이나 이행의 제공을 집행개시의 요건으로 하지 아니한다.

② 제3조제1항의 대항요건을 갖추고 관할 세무서장으로부터 임대차계약서상의 확정일자를 받은 임차인은 「민사집행법」에 따른 경매 또는 「국세징수법」에 따른 공매 시 임차건물임대인 소유의 대지를 포함한다의 환가대금에서 후순위권리자나 그 밖의 채권자보다 우선하여 보증금을 변제받을 권리가 있다.

③ 임차인은 임차건물을 양수인에게 인도하지 아니하면 제2항에 따른 보증금을 받을 수 없다.

④ 제2항 또는 제7항에 따른 우선변제의 순위와 보증금에 대하여 이의가 있는 이해관계인은 경매법원 또는 체납처분청에 이의를 신청할 수 있다.

⑤ 제4항에 따라 경매법원에 이의를 신청하는 경우에는 「민사집행법」 제152조부터 제161조까지의 규정을 준용한다.

⑥ 제4항에 따라 이의신청을 받은 체납처분청은 이해관계인이 이의신청일부터 7일 이내에 임차인 또는 제7항에 따라 우선변제권을 승계한 금융기관 등을 상대로 소訴를 제기한 것을 증명한 때에는 그 소송이 종결될 때까지 이의가 신청된 범위에서 임차인 또는 제7항에 따라 우선변제권을 승계한 금융기관 등에 대한 보증금의 변제를 유보留保하고 남은 금액을 배분하여야 한다. 이 경우 유보된 보증금은 소송 결과에 따라 배분한다.

⑦ 다음 각 호의 금융기관 등이 제2항, 제6조제5항 또는 제7조제1항에 따른 우선변제권을 취득한 임차인의 보증금반환채권을 계약으로 양수한 경우에는 양수한 금액의 범위에서 우선변제권을 승계한다.

1. 「은행법」에 따른 은행
2. 「중소기업은행법」에 따른 중소기업은행
3. 「한국산업은행법」에 따른 한국산업은행
4. 「농업협동조합법」에 따른 농협은행
5. 「수산업협동조합법」에 따른 수협은행
6. 「우체국예금·보험에 관한 법률」에 따른 체신관서
7. 「보험업법」 제4조제1항제2호라목의 보증보험을 보험종목으로 허가받은 보험회사
8. 그 밖에 제1호부터 제7호까지에 준하는 것으로서 대통령령으로 정하는 기관

⑧ 제7항에 따라 우선변제권을 승계한 금융기관 등이하 "금융기관등"이라 한다은 다음 각 호의 어느 하나에 해당하는 경우에는 우선변제권을 행사할 수 없다.

1. 임차인이 제3조제1항의 대항요건을 상실한 경우

2. 제6조제5항에 따른 임차권등기가 말소된 경우

3. 「민법」 제621조에 따른 임대차등기가 말소된 경우

⑨ 금융기관등은 우선변제권을 행사하기 위하여 임차인을 대리하거나 대위하여 임대차를 해지할 수 없다.

제6조 임차권등기명령 ① 임대차가 종료된 후 보증금이 반환되지 아니한 경우 임차인은 임차건물의 소재지를 관할하는 지방법원, 지방법원지원 또는 시·군법원에 임차권등기명령을 신청할 수 있다.

② 임차권등기명령을 신청할 때에는 다음 각 호의 사항을 기재하여야 하며, 신청 이유 및 임차권등기의 원인이 된 사실을 소명하여야 한다.

1. 신청 취지 및 이유

2. 임대차의 목적인 건물임대차의 목적이 건물의 일부분인 경우에는 그 부분의 도면을 첨부한다

3. 임차권등기의 원인이 된 사실임차인이 제3조제1항에 따른 대항력을 취득하였거나 제5조제2항에 따른 우선변제권을 취득한 경우에는 그 사실

4. 그 밖에 대법원규칙으로 정하는 사항

③ 임차권등기명령의 신청에 대한 재판, 임차권등기명령의 결정에 대한 임대인의 이의신청 및 그에 대한 재판, 임차권등기명령의 취소신청 및 그에 대한 재판 또는 임차권등기명령의 집행 등에 관하여는 「민사집행법」 제280조제1항, 제281조, 제283조, 제285조, 제286조, 제288조제1항·제2항 본문, 제289조, 제290조제2항 중 제288조제1항에 대한 부분, 제291조, 제293조를 준용한다. 이 경우 "가압류"는 "임차권등기"로, "채권자"는 "임차인"으로, "채무자"는 "임대인"으로 본다.

④ 임차권등기명령신청을 기각하는 결정에 대하여 임차인은 항고할 수 있다.

⑤ 임차권등기명령의 집행에 따른 임차권등기를 마치면 임차인은 제3조제1항에 따른 대항력과 제5조제2항에 따른 우선변제권을 취득한다. 다만, 임차인이 임차권등기 이전에 이미 대항력 또는 우선변제권을 취득한 경우에는 그 대항력 또는 우선변제권이 그대로 유지되며, 임차권등기 이후에는 제3조제1항의 대항요건을 상

실하더라도 이미 취득한 대항력 또는 우선변제권을 상실하지 아니한다.

⑥ 임차권등기명령의 집행에 따른 임차권등기를 마친 건물임대차의 목적이 건물의 일부분인 경우에는 그 부분으로 한정한다을 그 이후에 임차한 임차인은 제14조에 따른 우선변제를 받을 권리가 없다.

⑦ 임차권등기의 촉탁, 등기관의 임차권등기 기입 등 임차권등기명령의 시행에 관하여 필요한 사항은 대법원규칙으로 정한다.

⑧ 임차인은 제1항에 따른 임차권등기명령의 신청 및 그에 따른 임차권등기와 관련하여 든 비용을 임대인에게 청구할 수 있다.

⑨ 금융기관등은 임차인을 대위하여 제1항의 임차권등기명령을 신청할 수 있다. 이 경우 제3항·제4항 및 제8항의 "임차인"은 "금융기관등"으로 본다.

제7조「민법」에 따른 임대차등기의 효력 등 ①「민법」 제621조에 따른 건물임대차등기의 효력에 관하여는 제6조제5항 및 제6항을 준용한다.

② 임차인이 대항력 또는 우선변제권을 갖추고 「민법」 제621조제1항에 따라 임대인의 협력을 얻어 임대차등기를 신청하는 경우에는 신청서에 「부동산등기법」 제74조제1호부터 제6호까지의 사항 외에 다음 각 호의 사항을 기재하여야 하며, 이를 증명할 수 있는 서면임대차의 목적이 건물의 일부분인 경우에는 그 부분의 도면을 포함한다을 첨부하여야 한다.〈개정 2011. 4. 12., 2020. 2. 4.〉

1. 사업자등록을 신청한 날
2. 임차건물을 점유한 날
3. 임대차계약서상의 확정일자를 받은 날

제8조 경매에 의한 임차권의 소멸 임차권은 임차건물에 대하여 「민사집행법」에 따른 경매가 실시된 경우에는 그 임차건물이 매각되면 소멸한다. 다만, 보증금이 전액 변제되지 아니한 대항력이 있는 임차권은 그러하지 아니하다.

제9조 임대차기간 등 ① 기간을 정하지 아니하거나 기간을 1년 미만으로 정한 임대차는 그 기간을 1년으로 본다. 다만, 임차인은 1년 미만으로 정한 기간이 유효함을 주장할 수 있다.

② 임대차가 종료한 경우에도 임차인이 보증금을 돌려받을 때까지는 임대차 관계는 존속하는 것으로 본다.

제10조 계약갱신 요구 등 ① 임대인은 임차인이 임대차기간이 만료되기 6개월 전부터 1개월 전까지 사이에 계약갱신을 요구할 경우 정당한 사유 없이 거절하지 못한다. 다만, 다음 각 호의 어느 하나의 경우에는 그러하지 아니하다.

1. 임차인이 3기의 차임액에 해당하는 금액에 이르도록 차임을 연체한 사실이 있는 경우
2. 임차인이 거짓이나 그 밖의 부정한 방법으로 임차한 경우
3. 서로 합의하여 임대인이 임차인에게 상당한 보상을 제공한 경우
4. 임차인이 임대인의 동의 없이 목적 건물의 전부 또는 일부를 전대轉貸한 경우
5. 임차인이 임차한 건물의 전부 또는 일부를 고의나 중대한 과실로 파손한 경우
6. 임차한 건물의 전부 또는 일부가 멸실되어 임대차의 목적을 달성하지 못할 경우
7. 임대인이 다음 각 목의 어느 하나에 해당하는 사유로 목적 건물의 전부 또는 대부분을 철거하거나 재건축하기 위하여 목적 건물의 점유를 회복할 필요가 있는 경우
   가. 임대차계약 체결 당시 공사시기 및 소요기간 등을 포함한 철거 또는 재건축 계획을 임차인에게 구체적으로 고지하고 그 계획에 따르는 경우
   나. 건물이 노후·훼손 또는 일부 멸실되는 등 안전사고의 우려가 있는 경우
   다. 다른 법령에 따라 철거 또는 재건축이 이루어지는 경우
8. 그 밖에 임차인이 임차인으로서의 의무를 현저히 위반하거나 임대차를 계속하기 어려운 중대한 사유가 있는 경우

② 임차인의 계약갱신요구권은 최초의 임대차기간을 포함한 전체 임대차기간이 10년을 초과하지 아니하는 범위에서만 행사할 수 있다.

③ 갱신되는 임대차는 전 임대차와 동일한 조건으로 다시 계약된 것으로 본다. 다만, 차임과 보증금은 제11조에 따른 범위에서 증감할 수 있다.

④ 임대인이 제1항의 기간 이내에 임차인에게 갱신 거절의 통지 또는 조건 변경의 통지를 하지 아니한 경우에는 그 기간이 만료된 때에 전 임대차와 동일한 조건으로 다시 임대차한 것으로 본다. 이 경우에 임대차의 존속기간은 1년으로 본다.

⑤ 제4항의 경우 임차인은 언제든지 임대인에게 계약해지의 통고를 할 수 있고, 임대인이 통고를 받은 날부터 3개월이 지나면 효력이 발생한다.

제10조의2 계약갱신의 특례 제2조제1항 단서에 따른 보증금액을 초과하는 임대차의 계약갱신의 경우에는 당사자는 상가건물에 관한 조세, 공과금, 주변 상가건물의 차임 및 보증금, 그 밖의 부담이나 경제사정의 변동 등을 고려하여 차임과 보증금의 증감을 청구할 수 있다.

제10조의3 권리금의 정의 등 ① 권리금이란 임대차 목적물인 상가건물에서 영업을 하는 자 또는 영업을 하려는 자가 영업시설·비품, 거래처, 신용, 영업상의 노하우, 상가건물의 위치에 따른 영업상의 이점 등 유형·무형의 재산적 가치의 양도 또는 이용대가로서 임대인, 임차인에게 보증금과 차임 이외에 지급하는 금전 등의 대가를 말한다.

② 권리금 계약이란 신규임차인이 되려는 자가 임차인에게 권리금을 지급하기로 하는 계약을 말한다.

제10조의4 권리금 회수기회 보호 등 ① 임대인은 임대차기간이 끝나기 6개월 전부터 임대차 종료 시까지 다음 각 호의 어느 하나에 해당하는 행위를 함으로써 권리금 계약에 따라 임차인이 주선한 신규임차인이 되려는 자로부터 권리금을 지급받는 것을 방해하여서는 아니 된다. 다만, 제10조제1항 각 호의 어느 하나에 해당하는 사유가 있는 경우에는 그러하지 아니하다.

1. 임차인이 주선한 신규임차인이 되려는 자에게 권리금을 요구하거나 임차인이 주선한 신규임차인이 되려는 자로부터 권리금을 수수하는 행위
2. 임차인이 주선한 신규임차인이 되려는 자로 하여금 임차인에게 권리금을 지급하지 못하게 하는 행위
3. 임차인이 주선한 신규임차인이 되려는 자에게 상가건물에 관한 조세, 공과금, 주변 상가건물의 차임 및 보증금, 그 밖의 부담에 따른 금액에 비추어 현

저히 고액의 차임과 보증금을 요구하는 행위

4. 그 밖에 정당한 사유 없이 임대인이 임차인이 주선한 신규임차인이 되려는 자와 임대차계약의 체결을 거절하는 행위

② 다음 각 호의 어느 하나에 해당하는 경우에는 제1항제4호의 정당한 사유가 있는 것으로 본다.

1. 임차인이 주선한 신규임차인이 되려는 자가 보증금 또는 차임을 지급할 자력이 없는 경우
2. 임차인이 주선한 신규임차인이 되려는 자가 임차인으로서의 의무를 위반할 우려가 있거나 그 밖에 임대차를 유지하기 어려운 상당한 사유가 있는 경우
3. 임대차 목적물인 상가건물을 1년 6개월 이상 영리목적으로 사용하지 아니한 경우
4. 임대인이 선택한 신규임차인이 임차인과 권리금 계약을 체결하고 그 권리금을 지급한 경우

③ 임대인이 제1항을 위반하여 임차인에게 손해를 발생하게 한 때에는 그 손해를 배상할 책임이 있다. 이 경우 그 손해배상액은 신규임차인이 임차인에게 지급하기로 한 권리금과 임대차 종료 당시의 권리금 중 낮은 금액을 넘지 못한다.

④ 제3항에 따라 임대인에게 손해배상을 청구할 권리는 임대차가 종료한 날부터 3년 이내에 행사하지 아니하면 시효의 완성으로 소멸한다.

⑤ 임차인은 임대인에게 임차인이 주선한 신규임차인이 되려는 자의 보증금 및 차임을 지급할 자력 또는 그 밖에 임차인으로서의 의무를 이행할 의사 및 능력에 관하여 자신이 알고 있는 정보를 제공하여야 한다.

제10조의5 권리금 적용 제외 제10조의4는 다음 각 호의 어느 하나에 해당하는 상가건물 임대차의 경우에는 적용하지 아니한다.

1. 임대차 목적물인 상가건물이 「유통산업발전법」 제2조에 따른 대규모점포 또는 준대규모점포의 일부인 경우 다만, 「전통시장 및 상점가 육성을 위한 특별법」 제2조제1호에 따른 전통시장은 제외한다
2. 임대차 목적물인 상가건물이 「국유재산법」에 따른 국유재산 또는 「공유재산

및 물품 관리법」에 따른 공유재산인 경우

제10조의6 표준권리금계약서의 작성 등 국토교통부장관은 법무부장관과 협의를 거쳐 임차인과 신규임차인이 되려는 자의 권리금 계약 체결을 위한 표준권리금계약서를 정하여 그 사용을 권장할 수 있다.

제10조의7 권리금 평가기준의 고시 국토교통부장관은 권리금에 대한 감정평가의 절차와 방법 등에 관한 기준을 고시할 수 있다.

제10조의8 차임연체와 해지 임차인의 차임연체액이 3기의 차임액에 달하는 때에는 임대인은 계약을 해지할 수 있다.

제10조의9 계약 갱신요구 등에 관한 임시 특례 임차인이 이 법 법률 제17490호 상가건물 임대차보호법 일부개정법률을 말한다 시행일부터 6개월까지의 기간 동안 연체한 차임액은 제10조제1항제1호, 제10조의4제1항 단서 및 제10조의8의 적용에 있어서는 차임연체액으로 보지 아니한다. 이 경우 연체한 차임액에 대한 임대인의 그 밖의 권리는 영향을 받지 아니한다.

제11조 차임 등의 증감청구권 ① 차임 또는 보증금이 임차건물에 관한 조세, 공과금, 그 밖의 부담의 증감이나 「감염병의 예방 및 관리에 관한 법률」 제2조제2호에 따른 제1급감염병 등에 의한 경제사정의 변동으로 인하여 상당하지 아니하게 된 경우에는 당사자는 장래의 차임 또는 보증금에 대하여 증감을 청구할 수 있다. 그러나 증액의 경우에는 대통령령으로 정하는 기준에 따른 비율을 초과하지 못한다.〈개정 2020. 9. 29.〉

② 제1항에 따른 증액 청구는 임대차계약 또는 약정한 차임 등의 증액이 있은 후 1년 이내에는 하지 못한다.

③ 「감염병의 예방 및 관리에 관한 법률」 제2조제2호에 따른 제1급감염병에 의한 경제사정의 변동으로 차임 등이 감액된 후 임대인이 제1항에 따라 증액을 청구하는 경우에는 증액된 차임 등이 감액 전 차임 등의 금액에 달할 때까지는 같은 항 단서를 적용하지 아니한다.

제12조 월 차임 전환 시 산정률의 제한 보증금의 전부 또는 일부를 월 단위의 차임으로 전환하는 경우에는 그 전환되는 금액에 다음 각 호 중 낮은 비율을 곱한 월 차임

의 범위를 초과할 수 없다.〈개정 2010. 5. 17., 2013. 8. 13.〉

1. 「은행법」에 따른 은행의 대출금리 및 해당 지역의 경제 여건 등을 고려하여 대통령령으로 정하는 비율

2. 한국은행에서 공시한 기준금리에 대통령령으로 정하는 배수를 곱한 비율

제13조 전대차관계에 대한 적용 등 ① 제10조, 제10조의2, 제10조의8, 제10조의9 제10조 및 제10조의8에 관한 부분으로 한정한다, 제11조 및 제12조는 전대인轉貸人과 전차인轉借人의 전대차관계에 적용한다.〈개정 2015. 5. 13., 2020. 9. 29.〉

② 임대인의 동의를 받고 전대차계약을 체결한 전차인은 임차인의 계약갱신요구권 행사기간 이내에 임차인을 대위代位하여 임대인에게 계약갱신요구권을 행사할 수 있다.

제14조 보증금 중 일정액의 보호 ① 임차인은 보증금 중 일정액을 다른 담보물권자보다 우선하여 변제받을 권리가 있다. 이 경우 임차인은 건물에 대한 경매신청의 등기 전에 제3조제1항의 요건을 갖추어야 한다.

② 제1항의 경우에 제5조제4항부터 제6항까지의 규정을 준용한다.

③ 제1항에 따라 우선변제를 받을 임차인 및 보증금 중 일정액의 범위와 기준은 임대건물가액임대인 소유의 대지가액을 포함한다의 2분의 1 범위에서 해당 지역의 경제 여건, 보증금 및 차임 등을 고려하여 제14조의2에 따른 상가건물임대차위원회의 심의를 거쳐 대통령령으로 정한다.

제14조의2 상가건물임대차위원회 ① 상가건물 임대차에 관한 다음 각 호의 사항을 심의하기 위하여 법무부에 상가건물임대차위원회이하 "위원회"라 한다를 둔다.

1. 제2조제1항 단서에 따른 보증금액

2. 제14조에 따라 우선변제를 받을 임차인 및 보증금 중 일정액의 범위와 기준

② 위원회는 위원장 1명을 포함한 10명 이상 15명 이하의 위원으로 성별을 고려하여 구성한다.

③ 위원회의 위원장은 법무부차관이 된다.

④ 위원회의 위원은 다음 각 호의 어느 하나에 해당하는 사람 중에서 위원장이 임

명하거나 위촉하되, 제1호부터 제6호까지에 해당하는 위원을 각각 1명 이상 임명하거나 위촉하여야 하고, 위원 중 2분의 1 이상은 제1호·제2호 또는 제7호에 해당하는 사람을 위촉하여야 한다.

1. 법학·경제학 또는 부동산학 등을 전공하고 상가건물 임대차 관련 전문지식을 갖춘 사람으로서 공인된 연구기관에서 조교수 이상 또는 이에 상당하는 직에 5년 이상 재직한 사람
2. 변호사·감정평가사·공인회계사·세무사 또는 공인중개사로서 5년 이상 해당 분야에서 종사하고 상가건물 임대차 관련 업무경험이 풍부한 사람
3. 기획재정부에서 물가 관련 업무를 담당하는 고위공무원단에 속하는 공무원
4. 법무부에서 상가건물 임대차 관련 업무를 담당하는 고위공무원단에 속하는 공무원 이에 상당하는 특정직공무원을 포함한다
5. 국토교통부에서 상가건물 임대차 관련 업무를 담당하는 고위공무원단에 속하는 공무원
6. 중소벤처기업부에서 소상공인 관련 업무를 담당하는 고위공무원단에 속하는 공무원
7. 그 밖에 상가건물 임대차 관련 학식과 경험이 풍부한 사람으로서 대통령령으로 정하는 사람

⑤ 그 밖에 위원회의 구성 및 운영 등에 필요한 사항은 대통령령으로 정한다.

제15조 강행규정 이 법의 규정에 위반된 약정으로서 임차인에게 불리한 것은 효력이 없다.

제16조 일시사용을 위한 임대차 이 법은 일시사용을 위한 임대차임이 명백한 경우에는 적용하지 아니한다.

제17조 미등기전세에의 준용 목적건물을 등기하지 아니한 전세계약에 관하여 이 법을 준용한다. 이 경우 "전세금"은 "임대차의 보증금"으로 본다.

제18조 「소액사건심판법」의 준용 임차인이 임대인에게 제기하는 보증금반환청구소송에 관하여는 「소액사건심판법」 제6조·제7조·제10조 및 제11조의2를 준용한다.

제19조 표준계약서의 작성 등 법무부장관은 국토교통부장관과 협의를 거쳐 보증금, 차임액, 임대차기간, 수선비 분담 등의 내용이 기재된 상가건물임대차표준계약서를 정하여 그 사용을 권장할 수 있다.

제20조 상가건물임대차분쟁조정위원회 ① 이 법의 적용을 받는 상가건물 임대차와 관련된 분쟁을 심의·조정하기 위하여 대통령령으로 정하는 바에 따라 「법률구조법」 제8조에 따른 대한법률구조공단의 지부, 「한국토지주택공사법」에 따른 한국토지주택공사의 지사 또는 사무소 및 「한국감정원법」에 따른 한국감정원의 지사 또는 사무소에 상가건물임대차분쟁조정위원회이하 "조정위원회"라 한다를 둔다. 특별시·광역시·특별자치시·도 및 특별자치도는 그 지방자치단체의 실정을 고려하여 조정위원회를 둘 수 있다.

② 조정위원회는 다음 각 호의 사항을 심의·조정한다.

1. 차임 또는 보증금의 증감에 관한 분쟁
2. 임대차 기간에 관한 분쟁
3. 보증금 또는 임차상가건물의 반환에 관한 분쟁
4. 임차상가건물의 유지·수선 의무에 관한 분쟁
5. 권리금에 관한 분쟁
6. 그 밖에 대통령령으로 정하는 상가건물 임대차에 관한 분쟁

③ 조정위원회의 사무를 처리하기 위하여 조정위원회에 사무국을 두고, 사무국의 조직 및 인력 등에 필요한 사항은 대통령령으로 정한다.

④ 사무국의 조정위원회 업무담당자는 「주택임대차보호법」 제14조에 따른 주택임대차분쟁조정위원회 사무국의 업무를 제외하고 다른 직위의 업무를 겸직하여서는 아니 된다.

제21조 주택임대차분쟁조정위원회 준용 조정위원회에 대하여는 이 법에 규정한 사항 외에는 주택임대차분쟁조정위원회에 관한 「주택임대차보호법」 제14조부터 제29조까지의 규정을 준용한다. 이 경우 "주택임대차분쟁조정위원회"는 "상가건물임대차분쟁조정위원회"로 본다.

제22조 벌칙 적용에서 공무원 의제 공무원이 아닌 상가건물임대차위원회의 위원 및 상가건물임대차분쟁조정위원회의 위원은 「형법」 제127조, 제129조부터 제132조까지의 규정을 적용할 때에는 공무원으로 본다.〈개정 2020. 7. 31.〉

상가건물 임대차보호법 시행령 (약칭: 상가임대차법 시행령)

[시행 2020. 12. 10.] [대통령령 제31243호, 2020. 12. 8., 타법개정]

제1조 목적 이 영은 「상가건물 임대차보호법」에서 위임된 사항과 그 시행에 관하여 필요한 사항을 정하는 것을 목적으로 한다.

제2조 적용범위 ① 「상가건물 임대차보호법」이하 "법"이라 한다 제2조제1항 단서에서 "대통령령으로 정하는 보증금액"이란 다음 각 호의 구분에 의한 금액을 말한다.

1. 서울특별시 : 9억 원
2. 「수도권정비계획법」에 따른 과밀억제권역서울특별시는 제외한다 및 부산광역시: 6억9천만 원
3. 광역시「수도권정비계획법」에 따른 과밀억제권역에 포함된 지역과 군지역, 부산광역시는 제외한다, 세종특별자치시, 파주시, 화성시, 안산시, 용인시, 김포시 및 광주시: 5억 4천만 원
4. 그 밖의 지역 : 3억7천만 원

② 법 제2조제2항의 규정에 의하여 보증금외에 차임이 있는 경우의 차임액은 월 단위의 차임액으로 한다.

③ 법 제2조제2항에서 "대통령령으로 정하는 비율"이라 함은 1분의 100을 말한다.〈개정 2010. 7. 21.〉

제3조 확정일자부 기재사항 등 ① 상가건물 임대차 계약증서 원본을 소지한 임차인은 법 제4조제1항에 따라 상가건물의 소재지 관할 세무서장에게 확정일자 부여를 신청할 수 있다. 다만, 「부가가치세법」 제8조제3항에 따라 사업자 단위 과세가 적용

되는 사업자의 경우 해당 사업자의 본점 또는 주사무소 관할 세무서장에게 확정일자 부여를 신청할 수 있다.

② 확정일자는 제1항에 따라 확정일자 부여의 신청을 받은 세무서장이하 "관할 세무서장"이라 한다이 확정일자 번호, 확정일자 부여일 및 관할 세무서장을 상가건물 임대차 계약증서 원본에 표시하고 관인을 찍는 방법으로 부여한다.

③ 관할 세무서장은 임대차계약이 변경되거나 갱신된 경우 임차인의 신청에 따라 새로운 확정일자를 부여한다.

④ 관할 세무서장이 법 제4조제2항에 따라 작성하는 확정일자부에 기재하여야 할 사항은 다음 각 호와 같다.

1. 확정일자 번호
2. 확정일자 부여일
3. 임대인·임차인의 인적사항
   가. 자연인인 경우: 성명, 주민등록번호외국인은 외국인등록번호
   나. 법인인 경우: 법인명, 대표자 성명, 법인등록번호
   다. 법인 아닌 단체인 경우: 단체명, 대표자 성명, 사업자등록번호·고유번호
4. 임차인의 상호 및 법 제3조제1항에 따른 사업자등록 번호
5. 상가건물의 소재지, 임대차 목적물 및 면적
6. 임대차기간
7. 보증금·차임

⑤ 제1항부터 제4항까지에서 규정한 사항 외에 확정일자 부여 사무에 관하여 필요한 사항은 법무부령으로 정한다.

제3조의2이해관계인의 범위 법 제4조제3항에 따라 정보의 제공을 요청할 수 있는 상가건물의 임대차에 이해관계가 있는 자이하 "이해관계인"이라 한다는 다음 각 호의 어느 하나에 해당하는 자로 한다.

1. 해당 상가건물 임대차계약의 임대인·임차인
2. 해당 상가건물의 소유자

3. 해당 상가건물 또는 그 대지의 등기부에 기록된 권리자 중 법무부령으로 정하는 자

4. 법 제5조제7항에 따라 우선변제권을 승계한 금융기관 등

5. 제1호부터 제4호까지에서 규정한 자에 준하는 지위 또는 권리를 가지는 자로서 임대차 정보의 제공에 관하여 법원의 판결을 받은 자

제3조의3 이해관계인 등이 요청할 수 있는 정보의 범위 ① 제3조의2제1호에 따른 임대차계약의 당사자는 관할 세무서장에게 다음 각 호의 사항이 기재된 서면의 열람 또는 교부를 요청할 수 있다.

1. 임대인·임차인의 인적사항 제3조제4항제3호에 따른 정보를 말한다. 다만, 주민등록번호 및 외국인등록번호의 경우에는 앞 6자리에 한정한다
2. 상가건물의 소재지, 임대차 목적물 및 면적
3. 사업자등록 신청일
4. 보증금·차임 및 임대차기간
5. 확정일자 부여일
6. 임대차계약이 변경되거나 갱신된 경우에는 변경·갱신된 날짜, 새로운 확정일자 부여일, 변경된 보증금·차임 및 임대차기간
7. 그 밖에 법무부령으로 정하는 사항

② 임대차계약의 당사자가 아닌 이해관계인 또는 임대차계약을 체결하려는 자는 관할 세무서장에게 다음 각 호의 사항이 기재된 서면의 열람 또는 교부를 요청할 수 있다.

1. 상가건물의 소재지, 임대차 목적물 및 면적
2. 사업자등록 신청일
3. 보증금 및 차임, 임대차기간
4. 확정일자 부여일
5. 임대차계약이 변경되거나 갱신된 경우에는 변경·갱신된 날짜, 새로운 확정일자 부여일, 변경된 보증금·차임 및 임대차기간

6. 그 밖에 법무부령으로 정하는 사항

③ 제1항 및 제2항에서 규정한 사항 외에 임대차 정보의 제공 등에 필요한 사항은 법무부령으로 정한다.

제4조 차임 등 증액청구의 기준 법 제11조제1항의 규정에 의한 차임 또는 보증금의 증액청구는 청구당시의 차임 또는 보증금의 100분의 5의 금액을 초과하지 못한다.〈개정 2008. 8. 21., 2018. 1. 26.〉

제5조 월차임 전환 시 산정률 ① 법 제12조제1호에서 "대통령령으로 정하는 비율"이란 연 1할2푼을 말한다.

② 법 제12조제2호에서 "대통령령으로 정하는 배수"란 4.5배를 말한다.

제6조 우선변제를 받을 임차인의 범위 법 제14조의 규정에 의하여 우선변제를 받을 임차인은 보증금과 차임이 있는 경우 법 제2조제2항의 규정에 의하여 환산한 금액의 합계가 다음 각호의 구분에 의한 금액 이하인 임차인으로 한다.

1. 서울특별시 : 6,500만 원
2. 「수도권정비계획법」에 따른 과밀억제권역서울특별시는 제외한다: 5,500만 원
3. 광역시「수도권정비계획법」에 따른 과밀억제권역에 포함된 지역과 군지역은 제외한다, 안산시, 용인시, 김포시 및 광주시: 3,800만 원
4. 그 밖의 지역 : 3천만 원

제7조 우선변제를 받을 보증금의 범위 등 ① 법 제14조의 규정에 의하여 우선변제를 받을 보증금중 일정액의 범위는 다음 각호의 구분에 의한 금액 이하로 한다.

1. 서울특별시 : 2,200만 원
2. 「수도권정비계획법」에 따른 과밀억제권역서울특별시는 제외한다: 1,900만 원
3. 광역시「수도권정비계획법」에 따른 과밀억제권역에 포함된 지역과 군지역은 제외한다, 안산시, 용인시, 김포시 및 광주시: 1,300만 원
4. 그 밖의 지역 : 1천만 원

② 임차인의 보증금중 일정액이 상가건물의 가액의 2분의 1을 초과하는 경우에는 상가건물의 가액의 2분의 1에 해당하는 금액에 한하여 우선변제권이 있다.〈개정

2013. 12. 30.〉

③ 하나의 상가건물에 임차인이 2인 이상이고, 그 각 보증금중 일정액의 합산액이 상가건물의 가액의 2분의 1을 초과하는 경우에는 그 각 보증금중 일정액의 합산액에 대한 각 임차인의 보증금중 일정액의 비율로 그 상가건물의 가액의 2분의 1에 해당하는 금액을 분할한 금액을 각 임차인의 보증금중 일정액으로 본다.

제7조의2 상가건물임대차위원회의 구성 법 제14조의2 제4항제7호에서 "대통령령으로 정하는 사람"이란 다음 각 호의 어느 하나에 해당하는 사람을 말한다.

1. 특별시·광역시·특별자치시·도 및 특별자치도이하 "시·도"라 한다에서 상가건물 정책 또는 부동산 관련 업무를 담당하는 주무부서의 실·국장
2. 법무사로서 5년 이상 해당 분야에서 종사하고 상가건물 임대차 관련 업무 경험이 풍부한 사람

제7조의3 위원의 임기 등 ① 법 제14조의2에 따른 상가건물임대차위원회이하 "위원회"라 한다의 위원의 임기는 2년으로 하되, 한 차례만 연임할 수 있다. 다만, 공무원인 위원의 임기는 그 직위에 재직하는 기간으로 한다.

② 위원회의 위원장이하 "위원장"이라 한다은 위촉된 위원이 다음 각 호의 어느 하나에 해당하는 경우에는 해당 위원을 해촉할 수 있다.

1. 심신장애로 직무를 수행할 수 없게 된 경우
2. 직무와 관련한 형사사건으로 기소된 경우
3. 직무태만, 품위손상, 그 밖의 사유로 위원으로 적합하지 않다고 인정되는 경우
4. 위원 스스로 직무를 수행하는 것이 곤란하다고 의사를 밝히는 경우

제7조의4 위원장의 직무 ① 위원장은 위원회를 대표하고, 위원회의 업무를 총괄한다.

② 위원장이 부득이한 사유로 직무를 수행할 수 없을 때에는 위원장이 미리 지명한 위원이 그 직무를 대행한다.

제7조의5 간사 ① 위원회에 간사 1명을 두되, 간사는 상가건물 임대차 관련 업무에 종사하는 법무부 소속의 고위공무원단에 속하는 일반직 공무원이에 상당하는 특정직·별정직 공무원을 포함한다 중에서 위원장이 지명한다.

② 간사는 위원회의 운영을 지원하고, 위원회의 회의에 관한 기록과 그 밖에 서류의 작성·보관에 관한 사무를 처리한다.

③ 간사는 위원회에 참석하여 심의사항을 설명하거나 그 밖에 필요한 발언을 할 수 있다.

제7조의6 위원회의 회의 ① 위원회의 회의는 매년 1회 개최되는 정기회의와 위원장이 필요하다고 인정하거나 위원 3분의 1 이상이 요구하는 경우에 개최되는 임시회의로 구분하여 운영한다.

② 위원장은 위원회의 회의를 소집하고, 그 의장이 된다.

③ 위원회의 회의는 재적위원 과반수의 출석으로 개의하고, 출석위원 과반수의 찬성으로 의결한다.

④ 위원회의 회의는 비공개로 한다.

⑤ 위원장은 위원이 아닌 사람을 회의에 참석하게 하여 의견을 듣거나 관계 기관·단체 등에 필요한 자료, 의견 제출 등 협조를 요청할 수 있다.

제7조의7 실무위원회 ① 위원회에서 심의할 안건의 협의를 효율적으로 지원하기 위하여 위원회에 실무위원회를 둔다.

② 실무위원회는 다음 각 호의 사항을 협의·조정한다.

1. 심의안건 및 이와 관련하여 위원회가 위임한 사항
2. 그 밖에 위원장 및 위원이 실무협의를 요구하는 사항

③ 실무위원회의 위원장은 위원회의 간사가 되고, 실무위원회의 위원은 다음 각 호의 사람 중에서 그 소속기관의 장이 지명하는 사람으로 한다.

1. 기획재정부에서 물가 관련 업무를 담당하는 5급 이상의 국가공무원
2. 법무부에서 상가건물 임대차 관련 업무를 담당하는 5급 이상의 국가공무원
3. 국토교통부에서 상가건물 임대차 관련 업무를 담당하는 5급 이상의 국가공무원
4. 중소벤처기업부에서 소상공인 관련 업무를 담당하는 5급 이상의 국가공무원
5. 시·도에서 소상공인 또는 민생경제 관련 업무를 담당하는 5급 이상의 지방

공무원

제7조의8 전문위원 ① 위원회의 심의사항에 관한 전문적인 조사·연구업무를 수행하기 위하여 5명 이내의 전문위원을 둘 수 있다.

② 전문위원은 법학, 경제학 또는 부동산학 등에 학식과 경험을 갖춘 사람 중에서 법무부장관이 위촉하고, 임기는 2년으로 한다.

제7조의9 수당 위원회 또는 실무위원회 위원에게는 예산의 범위에서 수당을 지급할 수 있다. 다만, 공무원인 위원이 그 소관 업무와 직접적으로 관련되어 위원회에 출석하는 경우는 제외한다.

제7조의10 운영세칙 이 영에서 규정한 사항 외에 위원회의 운영에 필요한 사항은 법무부장관이 정한다.

제8조 상가건물임대차분쟁조정위원회의 설치 법 제20조제1항에 따른 상가건물임대차분쟁조정위원회이하 "조정위원회"라 한다를 두는 「법률구조법」 제8조에 따른 대한법률구조공단이하 "공단"이라 한다, 「한국토지주택공사법」에 따른 한국토지주택공사이하 "공사"라 한다 및 「한국부동산원법」에 따른 한국부동산원이하 "부동산원"이라 한다의 지부, 지사 또는 사무소와 그 관할구역은 별표와 같다.

제9조 조정위원회의 심의·조정 사항 법 제20조제2항제6호에서 "대통령령으로 정하는 상가건물 임대차에 관한 분쟁"이란 다음 각 호의 분쟁을 말한다.〈개정 2020. 10. 20.〉

1. 임대차계약의 이행 및 임대차계약 내용의 해석에 관한 분쟁
2. 임대차계약 갱신 및 종료에 관한 분쟁
3. 임대차계약의 불이행 등에 따른 손해배상청구에 관한 분쟁
4. 공인중개사 보수 등 비용부담에 관한 분쟁
5. 법 제19조에 따른 상가건물임대차표준계약서의 사용에 관한 분쟁
6. 그 밖에 제1호부터 제5호까지의 규정에 준하는 분쟁으로서 조정위원회의 위원장이 조정이 필요하다고 인정하는 분쟁

제10조 공단의 지부 등에 두는 조정위원회의 사무국 ① 법 제20조제3항에 따라 공단, 공사 또는 부동산원의 지부, 지사 또는 사무소에 두는 조정위원회의 사무국이하 "사무국"

이라 한다에는 사무국장 1명을 각각 두며, 사무국장 밑에 심사관 및 조사관을 각각 둔다.

② 사무국장은 공단 이사장, 공사 사장 및 부동산원 원장이 각각 임명하며, 조정위원회의 위원을 겸직할 수 있다.

③ 심사관 및 조사관은 공단 이사장, 공사 사장 및 부동산원 원장이 각각 임명한다.

④ 사무국장은 사무국의 업무를 총괄하고, 소속 직원을 지휘·감독한다.

⑤ 심사관은 다음 각 호의 업무를 담당한다.

1. 분쟁조정 신청 사건에 대한 쟁점정리 및 법률적 검토
2. 조사관이 담당하는 업무에 대한 지휘·감독
3. 그 밖에 조정위원회의 위원장이 조정위원회의 사무 처리를 위하여 필요하다고 인정하는 업무

⑥ 조사관은 다음 각 호의 업무를 담당한다.

1. 분쟁조정 신청의 접수
2. 분쟁조정 신청에 관한 민원의 안내
3. 조정당사자에 대한 송달 및 통지
4. 분쟁의 조정에 필요한 사실조사
5. 그 밖에 조정위원회의 위원장이 조정위원회의 사무 처리를 위하여 필요하다고 인정하는 업무

⑦ 사무국장 및 심사관은 변호사의 자격이 있는 사람으로 한다.

제11조 시·도의 조정위원회 사무국 시·도가 법 제20조제1항 후단에 따라 조정위원회를 두는 경우 사무국의 조직 및 운영 등에 관한 사항은 그 지방자치단체의 실정을 고려하여 해당 지방자치단체의 조례로 정한다.

제12조 고유식별정보의 처리 관할 세무서장은 법 제4조에 따른 확정일자 부여에 관한 사무를 수행하기 위하여 불가피한 경우 「개인정보 보호법 시행령」 제19조제1호 및 제4호에 따른 주민등록번호 및 외국인등록번호가 포함된 자료를 처리할 수 있다.